www.tredition.de

AF197141

Heidi Vollmer

FRIEDEN als Freund

Wir können DOCH in Frieden leben, wenn es dem bösen Nachbarn nicht gefällt.

© 2018 Heidi Vollmer
Lektorat, Korrektorat: Susanne Sperlich-Hülsenbeck

Verlag und Druck: tredition GmbH, Hamburg

ISBN
Paperback: 978-3-7469-7873-4
Hardcover: 978-3-7469-7874-1
e-Book: 978-3-7469-7875-8

Das Werk, einschließlich seiner Teile, ist urheberrechtlich geschützt. Jede Verwertung ist ohne Zustimmung des Verlages und des Autors unzulässig. Dies gilt insbesondere für die elektronische oder sonstige Vervielfältigung, Übersetzung, Verbreitung und öffentliche Zugänglichmachung.

Haftungsausschluss

Die Inhalte in diesem Buch hat die Autorin sorgfältig und nach bestem Wissen und Gewissen ausgewählt. Die hier enthaltenen Vorschläge erheben nicht den Anspruch auf Vollständigkeit. Die Leser mögen sie als Angebote auffassen, die sie in Eigenverantwortung annehmen können. Eine Garantie oder Haftung für Personen-, Sach- und Vermögensschäden seitens der Autorin ist ausgeschlossen.

Hier aufgeführte externe Links konnten nur bis zum Zeitpunkt der Buchveröffentlichung geprüft werden. Eine Haftung ist ausgeschlossen.

Ich verwende in diesem Buch der leichteren Lesbarkeit zuliebe meistens die männliche Ausdrucksform. Sowohl weibliche als auch männliche Personen mögen sich bitte immer angesprochen fühlen. Außerdem habe ich mich dafür entschieden, die Leser mit dem persönlichen „Du" anzureden.

Über die Autorin

Heidi Vollmer lebt mit ihrer Familie im Rheinland. Sie ist verheiratet und Mutter zweier Töchter. Vor 21 Jahren eröffnete sie ihre Tierheilpraxis. Seit über 11 Jahren arbeitet sie als Heilpraktikerin auch für Menschen. 1953 in Hamburg geboren, hat sie immer noch ein Standbein in ihrer Heimatstadt.

Mit Begeisterung gibt sie in Seminaren und Workshops weiter, was ihr selbst das Leben nachhaltig leichter und lebenswerter macht. Der Zustand, den wir als inneren Frieden bezeichnen, ist für sie die Voraussetzung für Zufriedenheit und Glück.

Näheres unter www.praxis-fuer-energiemedizin.com

Vorwort

Meiner Meinung nach sind alle Kriege unnötig, auch unsere inneren.

Während meiner Tätigkeit als Heilpraktikerin denke ich häufig: „Ich hätte euch noch soviel zu sagen", wenn sich einer meiner Patienten oder auch eine gute Bekannte von mir verabschiedet. Was mir so sehr am Herzen liegt, hat nur wenig Platz während einer Therapiestunde und selten während einer Tasse Kaffee bei einem privaten Treffen. Nur allzu gerne würde ich vielen Menschen einiges mit auf den Weg geben, damit sie ihren inneren Frieden zunächst einmal finden. Mit „einiges" meine ich, ich würde ihnen gerne bestimmte Fragen stellen und sie ermutigen, einige ihrer Glaubenssätze zu hinterfragen. Glaubenssätze sind das, was wir glauben und nicht das, was wir wissen. Wir haben sie meistens von anderen übernommen, ohne sie zu hinterfragen. Für mich hat sich das Hinterfragen sehr bewährt. Dadurch finde ich meinen inneren Frieden häufig. Allerdings ist es damit allein nicht getan. Das ist nur der Anfang. Der innere Frieden hat nämlich die Eigenschaft, sich wieder aus dem Staub zu machen, sobald wir ihn nicht mehr bewusst pflegen und uns nicht genug um ihn kümmern.

Vielleicht hast du folgende Situation auch schon erlebt: Du kommst nach einem fantastischen Urlaub wieder zurück nach Hause. Dort hast du deinen inneren Frieden mit netten Menschen gefunden und landest danach wieder im Alltag. WIE landest du dort? Erholt und friedvoller denn je mit dir und deinen Lieben, so dass du nun die meisten Aufgaben mit viel mehr Leichtigkeit als vorher bewältigst? Du hast dich prächtig erholt und gehst nun alles sehr viel gelassener und friedvoller an? Wenn ja, auch dann, wenn um dich herum das Chaos herrscht? Was, wenn wir zwar friedlich leben, aber die Welt um uns herum nach wie vor Krieg führt?

Im Leben vieler Menschen hat sich ohne Zweifel in der jüngsten Vergangenheit Etliches verändert. Wir haben heute nicht nur mehr Urlaub als früher, sondern uns steht darüber hinaus eine noch nie dagewesene Vielfalt an Seminaren für ein Leben in Frieden, Erfolg und Glückseligkeit zur Verfügung. Trotz alledem fällt mir auf, dass auch sehr bewusst und achtsam lebende Menschen nach wie vor im Alltag häufig unzufrieden mit sich selbst und ihren Mitmenschen sind. Es scheint mir, als hätte sich daran in den letzten Jahren nichts wesentlich geändert. Ist das in Anbetracht dessen nicht erstaunlich?

Warum ist für uns die Freundschaft mit dem Frieden so wichtig? Dafür gibt es mehrere Gründe. Erstens wollen wir selbst zu-friedener leben. Ein Leben in Leid, Isolation und Krankheit sucht sich niemand bewusst aus. Zweitens wollen wir mit unseren Mitmenschen in Frieden leben, ja, auch mit dem „bösen" Nachbarn. Zum Glück sind die meisten wirklich gute Nachbarn. ‚Böse' steht hier stellvertretend für alle Menschen, mit denen wir aus den verschiedensten Gründen nicht liebevoll umgehen können. Drittens tun uns in Anbetracht unserer menschlichen Gefühle andere Lesewesen leid, die ein Leben ohne Frieden führen (müssen). Wir leiden dann mit und auch das Mit-leid führt zu eigenem Leid.

Eine Freundschaft mit deinem Frieden einzugehen, bedeutet, dass du dich um diesen Freund kümmerst und dir die Freundschaft bewahrst. Es ist besonders wichtig in Zeiten, in denen das Leben eher herausfordernd als harmonisch verläuft. Bleib dran!

Viel Freude damit!

Sorgen für statt Sorgen um

Sorgst auch du dich um den Frieden in dieser Welt sowie um die Zukunft unserer Kinder und Enkel? Dann bist du in guter Gesellschaft. Es ist offensichtlich, dass wir Grund dazu haben.

Hier stelle ich meine ersten provokanten Fragen: Wird die Welt friedlicher, wenn du dich um sie sorgst? Wirst du selbst ein noch friedlicherer Mensch, wenn du dir um die Welt Sorgen machst? Wem hilfst du damit?

Wir alle wissen, dass unsere Sorgen um den Weltfrieden keine Kriege verhindern. Dennoch machen wir uns Sorgen, stimmt's? Du könntest einwenden, dass du nicht zu den gefühlskalten Menschen gehörst, die sich um nichts Gedanken machen. Deshalb könnten deine Sorgen für einen guten Charakter sprechen. Es liegt mir fern, dies abzustreiten. Die menschlichen Gefühle sind ein äußerst wertvoller Schatz. Das Mitgefühl für andere kann verhindern, dass wir ihnen etwas antun, das ihnen Schaden und Schmerzen zufügt.

Die deutsche Sprache ist reich an Nuancen. Es macht einen gravierenden Unterschied, ob ich mich **um** den Frieden oder **für** den Frieden sorge oder gar, den Frieden **umsorge.**

Da wir gerade beim Thema Gefühle sind:

Welches Gefühl löst es in dir aus, wenn du dich <u>um</u> jemanden sorgst?

Welches Gefühl löst es aus, wenn du jemanden umsorgst, wenn du <u>für</u> jemanden sorgst?

Es lohnt sich, dass du dir den Unterschied deutlich bewusst machst. Kannst du den Unterschied fühlen? Wenn ja, ist das eine fantastische Ausgangsposition dafür, dass dich dieses Buch im weiteren Leben wirklich wunderbar hilfreich unterstützen kann.

In mir löst es unter anderem ein Gefühl der Hilflosigkeit aus, wenn ich mir um den Frieden Sorgen mache. Außer diesem Gefühl bewirkt es nichts.

Was muss passieren, damit ich **für** den Frieden sorgen kann? Wenn ich das kann, fühle ich mich zwar nicht hilflos, doch kann ich das? Wie um alles in der Welt soll das funktionieren?

Tut mir leid, eine sehr kurze Antwort kann ich darauf nicht geben. Das ist Thema des ganzen Buches. Da jeder von uns andere Möglichkeiten hat, sind auch die Antworten auf diese Fragen unterschiedlich. Ein Friedensaktivist wird in einer anderen Form für Frieden sorgen wollen als ein Seelsorger. Ein Politiker (sicher gibt es solche, die wirklich an Frieden statt an Macht interessiert sind) hat andere Möglichkeiten als du und ich.

Jeder Mensch hat dennoch etwas mit jedem anderen gemeinsam. Er hat einen Kopf, der ständig irgendwelche Gedanken produziert, mal friedliche und mal genau das Gegenteil, nämlich kriegerische Gedanken. Verursacht ein Gedanke Schmerzen, kann daraus Krieg in unseren Köpfen entstehen statt Frieden, den wir uns alle wünschen.

Genau an diesem Ort, nämlich in unseren Köpfen, beginnt das Sorgen **für** den Frieden. Hier, und nur hier, haben wir einerseits die Möglichkeit, Krieg gar nicht erst entstehen zu lassen. Andererseits, sobald der Krieg den Frieden doch zurück drängt, ist hier auch der Ort für die Umwandlung von Krieg in Frieden. Letzterer soll sich bei uns wohl fühlen, damit er bleibt. Genau wie wir. Oder bleibst du gern freiwillig dort, wo du dich nicht wohl fühlst?

Falls jemand enttäuscht ist, dass es „nur" um den Frieden in unseren Köpfen geht, dem verrate ich jetzt schon einmal, dass ich später auf die Zusammenhänge mit dem Frieden außerhalb von uns eingehen werde. Wir beschränken uns nicht auf den inneren Frieden, doch bleibt uns nichts anderes übrig, als hier zu beginnen.

Ich warne auch vor der Vorstellung, dass der innere Frieden in jedem einzelnen von uns unwichtig ist gemessen an der großen, weiten Welt. Er ist weder unwichtig noch leicht zu bewahren. Wie schon erwähnt, der Frieden stellt hohe Ansprüche an uns, denn er will sich umsorgt wissen.

Schließlich: Wenn alle Menschen mit sich selbst in Frieden und zufrieden wären, wie könnte unsere Welt dann aussehen?

„Wer mit sich selber in Frieden lebt, der kommt nicht in Versuchung, anderen den Krieg zu erklären." (Ernst Ferstl, *1955, österreichischer Lehrer, Dichter und Aphoristiker – Quelle: Ferstl, Lebensspuren, Geest-Verlag 2002)

> ➤ Zusammenfassung:

Richte deine Aufmerksamkeit darauf, wie du <u>für</u> jemanden oder etwas sorgen kannst statt dir Sorgen zu machen. Damit wirst du zufriedener, was dich deinem inneren Frieden näher bringt.

Wo und was ist das Unbekannte?

„Jeder Mensch hält die Grenzen des eigenen Gesichtsfeldes für die Grenzen der Welt." (Arthur Schopenhauer)

Beim Gedanken an einen Eisberg fällt mir der Untergang der Titanic ein, die seinerzeit gegen ein besonders riesiges Exemplar prallte. Der weitaus größte Teil eines Eisbergs liegt unter Wasser, nicht über der Wasseroberfläche. Er macht als wunderbares Beispiel das Größenverhältnis vom sichtbaren zum unsichtbaren Teil deutlich. Nachfolgend benutze ich gern den Ausdruck „das Unbekannte" für das Unsichtbare, die Intuition, das Unterbewusstsein oder das Unbewusste. Hier vergleiche ich das Unbekannte mit dem unsichtbaren Teil des Eisbergs. Obwohl der unsichtbare Teil des Eisbergs sehr viel größer ist als die sichtbare Spitze, schenken wir ihr die weitaus größere Aufmerksamkeit. Die meisten Menschen konzentrieren sich sogar ausschließlich auf die Spitze.

Eine große Zahl von Menschen ist überzeugt, dass es sehr viel mehr gibt als das, was wir mit unseren fünf Sinnen wahrnehmen. Wir wollen und sollen unsere Sinne benutzen. In der Spitze des Eisbergs ist alles enthalten, was wir sehen, fühlen, riechen, schmecken und hören können. Unser Verstand definiert sich über diese Sinne. Alles, womit unser Verstand einverstanden ist, ist mit der Spitze des Eisbergs zu vergleichen. Sofern es darüber hinaus etwas gibt, das wir mit diesen fünf Sinnen nicht wahrnehmen können, und das demzufolge dem Verstand nicht zugänglich ist, müsste sich dies im Unbekannten befinden (vergleichbar mit dem großen, unsichtbaren Teil).

Wenn wir davon ausgehen, dass das Unbekannte so sicher existiert wie der unsichtbare Teil des Eisbergs, könnte es dann womöglich eine Funktion haben?

Davon bin ich überzeugt. Ich kann das Unbekannte fragen und erhalte Antworten, wenn es sein soll. Erzwingen kann ich es nicht. Die Antworten aus dem Unbekannten erreichen mich häufig durch Gefühle. Es antwortet mir nicht mit Worten. Im Gegensatz zu mir weiß das Unbekannte in jedem Fall, was für mich gut ist. Keine Antwort ist auch eine Antwort. Weiß ich denn, ob mir eine Antwort zum jetzigen Zeitpunkt gut täte? Ich glaube das, denn sonst würde ich nicht fragen. Wissen kann ich es nicht. Mein Kopf tut sich wirklich schwer, das einfach hinzunehmen. Mein Verstand akzeptiert nicht umgehend, dass es Dinge gibt, von denen er keine Ahnung hat. Dafür braucht er seine Zeit. Andererseits brauchen wir ihn für bestimmte andere Dinge dringend, denn wir wären ohne Verstand das, was der Eisberg ohne Spitze wäre. Komplett sind wir nur als Ganzes.

Es geht nicht darum, das Unbekannte höher zu bewerten als das Bekannte oder es wichtiger zu nehmen. Vielmehr kann uns das Unbekannte auf unsere Fragen anders antworten als unser bekannter Teil. Uns würde sehr vieles entgehen, wenn wir diese Möglichkeit nicht nutzen würden.

➢ Zusammenfassung:

Sobald du das Unbekannte anerkennst, öffnest du dich für die Möglichkeit, dass du nicht alles wissen kannst. Das ist eine Voraussetzung für den Frieden in dir. Wieso, dürfte dir auf den folgenden Seiten nach und nach klarer werden.

Veränderte Sicht, veränderte Wahrheit

Als ich ca. sieben Jahre alt war, zeigte mir mein Vater einige Fotos von dem neu gebauten Haus der Freunde meiner Eltern. Er war begeisterter Hobbyfotograf. Eines der Fotos zeigte den Eingangsbereich, ein anderes die Rückseite des Hauses.

„Was siehst du, Heidi?", fragte er mich zu jedem der beiden Bilder. War doch klar, was ich sah. Warum fragte er? „Du weißt, dass diese beiden verschiedenen Fotos verschiedene Teile dieses einen Hauses zeigen, nicht?" „Ja, weiß ich. Ich habe das Haus doch auch gesehen." „Stimmt. Du weißt das. Nun stell dir jemanden vor, der dieses Haus nicht gesehen hat. Weiß der automatisch, dass es sich bei diesen unterschiedlichen Bildern um dasselbe Haus handelt? Oder könnten es vielleicht auch Bilder von verschiedenen Häusern sein? Der eine guckt nur auf den gelben Eingangsbereich. Der andere sieht das rote Mauerwerk der Rückseite. Welche Farbe hat nun das Haus? Rot oder Gelb?"

„Na, beide, Rot und Gelb natürlich." „Ja, du weißt das, weil du das Haus im Ganzen gesehen hast. Jemand, der nur das rote oder das gelbe Bild sieht, hat doch keine Ahnung, welche Farbe auf der anderen Seite ist. Da hat derjenige Recht, der meint, das Haus sei rot. Der andere hat ebenfalls Recht, der meint, das Haus sei gelb. Verstehst du, was ich damit sagen will? Verschiedene Perspektiven eröffnen eine unterschiedliche Sicht auf die Dinge. Wie etwas wirklich ist, kannst du nur im Ganzen erkennen."

Ich gebe zu, mit sieben Jahren war mir diese Erklärung viel zu lang. Ich war mit meinen Gedanken längst schon wieder auf dem Spielplatz oder sonst wo. Erst später wurde mir wirklich bewusst, was mein Vater mir verdeutlichen wollte. Bis heute bedanke ich mich wieder und wieder bei ihm. So anschaulich und einfach hat er mir soviel Wahrheit vermittelt.

Jeder von uns kann etwas nur aus seiner eigenen Sicht betrachten, von oben, von unten, von links oder von rechts. Das ergibt immer ein unvollständiges Bild. Wir halten das, was wir sehen, häufig für die einzige Wahrheit. Aus anderen Perspektiven können sich Bilder zeigen, die völlig anders aussehen, aber dennoch genauso wahr sind wie das aus unserer eigenen Perspektive.

Die Tatsache, dass jeder Mensch etwas nur aus einer, nämlich seiner eigenen Perspektive betrachtet, ist eine weitere Ursache für unsere inneren Kriege. Jeder glaubt sich im Recht. Doch niemand ahnt, dass der andere ebenfalls im Recht sein kann. Alles eine Sache der Perspektive.

Das ist auch im Alltag erkennbar. Nehmen wir einmal an, in einer bestimmten Firma werden 1000 Mitarbeiter neu eingestellt. Damit hat sie einen wertvollen Beitrag für alle jetzigen Mitarbeiter geleistet, die bisher überlastet waren. Nun kann Entspannung eintreten und die Leute können wieder pünktlich Feierabend machen. Richtig? Aus dieser Sicht ja. Der Betriebsrat hält dagegen: „Was nützt uns das, wenn gleichzeitig 2000 Arbeiter in den Ruhestand geschickt werden?" Das ist die komplette Sicht der Dinge. Im Ganzen werden also 1000 Arbeitsstellen abgebaut. Die erste Aussage ist wahr, es werden 1000 Mitarbeiter neu eingestellt. Doch ohne das Ganze zu betrachten, entsteht ein unwahres Bild.

Ganz ehrlich, beruhen unsere Urteile nicht häufig auf solchen unvollständigen Informationen? Zurück zum beliebten Eisberg. Wenn ich zumindest weiß, dass ein großer Teil der Informationen in dem mir noch unbekannten Teil unter Wasser liegen könnte, bin ich zunächst vorsichtig mit der mir zur Verfügung stehenden Information aus der Spitze. Ich weiß, es ist nur ein Teil des Ganzen. Vielleicht sieht der unbekannte Teil genauso aus, vielleicht aber auch völlig anders. Ich erkenne erst einmal an, dass ich es nicht wissen kann.

Wo liegt der konkrete Nutzen für dich in dieser Erkenntnis?

Nun, wie oft macht dich eine bestimmte Information traurig oder wütend? Du leidest darunter. Du weißt aber, dass die Information stimmt, denn du hast die Situation mit eigenen Augen gesehen oder selbst erfahren. Sie ist ebenso richtig wie die Neueinstellung der 1000 Mitarbeiter. Du kannst nicht wissen, ob die Information vollständig ist oder ob sich dazu noch etwas im Unbekannten verbirgt. Das Unbekannte ist nicht bekannt. Es kann alles ganz anders sein, als es sich im Moment darstellt. Das zu wissen, hat sich für mich als großer Segen erwiesen und katapultiert mich auch heute noch ab und zu unmittelbar vom Krieg in den Frieden.

➤ Zusammenfassung:

> Sei dir gewiss, dass andere Menschen die Dinge oft anders wahrnehmen als du. Folge dieser Erkenntnis und du sprichst eine deutliche Einladung aus für deinen Freund, den Frieden.

Weiterkommen – warum und wohin?

„Warum bist du heute hier auf diesem Seminar?" Bei der morgendlichen Vorstellungsrunde am ersten Seminartag ist das eine beliebte Frage. Eine gängige Antwort auf diese Frage ist: „Weil ich weiterkommen will." Hm, das sagt mir alles und nichts. Natürlich ist dies keineswegs gelogen. Es ist die Wahrheit, aber was genau ist damit gemeint?

Wohin weiter? Wie lange weiter? Was heißt eigentlich ‚weiter'? Ist weiter besser als weniger weit?

Ich spüre stets einen Antrieb in mir, Neues zu entdecken und zu erfahren. Das ist nicht unbedingt etwas absolut Neues, sondern eher so, wie für meine kleine Tochter seinerzeit die spektakuläre Entdeckung eines Regenwurms neu war. Als Einjährige hatte sie ein solches Tier zum ersten Mal bewusst wahrgenommen, gesehen und gefühlt. Regenwürmer sind nun wirklich keine Entdeckung der Neuzeit. Jedoch für sie als Einjährige war alles an diesem Tier neu und spannend. Für uns alle ist etwas neu, das wir noch nicht erlebt und gelebt haben.

Gerade fühle ich eine Kraft, die mich antreibt, dieses Buch zu schreiben. Was glaubst du, wie es mir geht, wenn ich mich von meinem momentanen Rückenwind treiben lasse? Ja, ich fühle mich in meiner Kraft unterstützt, ganz wunderbar. Warum will ich mit dem Buch weiterkommen? Na, um diese Kraft zu nutzen, zu spüren, zu fühlen. Das ist eine Antwort aus meinem Unbekannten. Weiterzukommen ist ein tolles Gefühl. Da das Unbekannte häufig mit Gefühlen antwortet, ist mir allein diese Antwort schon genug.

Ich will weiterkommen, weil ich leben will. Das Leben ist ständige Veränderung. Wenn ich nicht mehr weiterkomme, verändert sich nichts. Damit höre ich auf zu leben.

Aus diesem Gefühl der Lebendigkeit kann im weiteren Verlauf noch viel mehr Gutes und Schönes entstehen.

Was genau bedeutet ‚weiterkommen' für dich? Bitte nimm dir etwas Zeit, um dich dort hinein zu fühlen.

Seit 38 Jahren lebe ich mit meinem Mann in einem Einfamilienhaus mit Garten ganz in der Nähe des Rheinufers. Nachdem unsere beiden Töchter längst nicht mehr bei uns wohnten, hatte ich vor etwa 10 Jahren das Bedürfnis, mir ganz allein ein kleines Appartement in einer ruhigen, schönen Gegend zu mieten. Die Mieten an diesem Ort waren damals so niedrig, dass ich mir diesen Luxus gut leisten konnte. Nein, ich wollte nicht aus unserem Haus ausziehen, aber beneidete gleichzeitig unsere Kinder um ihre ersten eigenen Wohnungen. So etwas wollte ich auch, eine eigene Wohnung besitzen, die ich in meiner Jugend nicht hatte. Mich selbst und etliche meiner Besucher erinnerte dieses Appartement an eine Studentenbude. Ein Ein-Zimmer-Appartement möbliert, aber meins, ganz allein meins. Es fühlte sich großartig an. War ich weitergekommen? Ja, eindeutig. Bis dahin überkam mich immer wieder das Gefühl, ich hätte damals in meiner Jugend diesen Lebensabschnitt verpasst: Leben im ersten kleinen, aber eigenen Domizil. Ich zog nach unserer Hochzeit direkt vom elterlichen Haushalt mit meinem Mann zusammen in eine geräumige Dreizimmerwohnung. Niemals stellte ich die Frage, ob das so richtig war. Keine Frage ? Nein, wenn die Antwort von vornherein glasklar ist, muss ich nicht fragen. Bis heute bin ich überzeugt, dass es richtig war und das Beste, was mir passieren konnte. Dennoch wuchs im Laufe der Jahre der Wunsch nach einer solchen „Studentenbude". Für andere ist es eine Kreuzfahrt, ein Abenteuer in Alaska, eine bestimmte Berufsausbildung oder anderes. Was immer es für dich ist, weißt nur du. Viele wissen es nicht. Es lohnt sich, dieser Frage nachzugehen, wenn du es nicht schon getan hast.

Ich glaube, für die meisten Menschen unter uns wäre es ganz bestimmt kein Gefühl des Weiterkommens, wenn sie die Wochenenden in einer Studentenbude verbringen sollten, statt im heimischen Einfamilienhaus mit Garten. Diese Erfahrung liegt bei der Mehrzahl der über Vierzigjährigen weit zurück. Ich dagegen hätte zeitlebens das Gefühl gehabt, in meinem Leben etwas verpasst zu haben, wenn ich diesen Schritt nicht noch mit Mitte fünfzig gegangen wäre. Unbewusst machen wir sehr gerne andere Menschen für das Gefühl verantwortlich, etwas im Leben verpasst zu haben. „Ich habe etwas in meinem Leben verpasst und kann es nicht mehr nachholen, denn es ist zu spät." Denkst du, dass sich dieser Gedanke friedvoll anfühlt? Wie viele Menschen mögen Ähnliches ein Leben lang denken?

Denkst du möglicherweise, du hättest im Leben etwas verpasst? Kannst du es nachholen? Oft meinen wir, es sei zu spät dafür. Doch es lohnt sich zu hinterfragen, ob das wirklich

der Fall ist. Der Gedanke, etwas verpasst zu haben und das Verpasste nicht mehr erleben zu können, ist alles andere als friedlich.

Bei mir ging es schließlich nur um die Studenten**bude**, nicht um das Studentenleben. Hätte ich damals den Sinn dieses Appartements immer wieder hinterfragt, wäre meine Freude darüber eindeutig zu kurz gekommen.

Sobald du weißt, was Weiterkommen für dich bedeutet, hast du einen großen Schritt in Richtung Zufriedenheit getan. Das kann für dich etwas vom Verstand Nachvollziehbares sein oder auch nicht. Nun kann es Zeit zum Umsetzen dieser Erkenntnis sein. Was tust du, um in deinem Sinn weiterzukommen?

Sollte dein Verstand der Meinung sein, dass du nichts verwirklichen kannst, das dich weiterbringt, hier ein Tipp: Beginne mit Kleinigkeiten, die auch für deinen Verstand in Ordnung sind. Es kann dich z. B. weiterbringen, jeden Tag eine Viertelstunde spazieren zu gehen, das erste Mal ein paar Tage allein zu verreisen oder bestimmte Gewohnheiten zu durchbrechen. Unsere Wege sind so individuell wie wir auch.

➢ Zusammenfassung:
   Kannst du verpasste Gelegenheiten nachholen? Wenn ja, prima. Wenn nicht: Du kannst nicht wissen, ob das vermeintlich Verpasste besser wäre als das, was du hast.

Fragezeit im Sinne des Friedens

Kann man zu viel fragen? Für mich gibt es eine Zeit zu fragen und eine Zeit, es sein zu lassen.

So, wie es Menschen gibt, die alles hinnehmen und nichts hinterfragen, tun andere genau das Gegenteil. Sie wollen alles ergründen und beweisen. Nachvollziehbar ist das auf jeden Fall. Sie sind erst zufrieden, wenn sie meinen, alles zu wissen. Das gilt für ein bestimmtes Symptom oder für das Verhalten des Partners, warum das Kind eine schlechte Schulnote hat oder welche Gründe für den Klimawandel verantwortlich sind. Ertappt? Macht nichts, ich ertappe mich dabei auch gern. Es ist völlig in Ordnung. Den meisten von uns tut es gut, Erklärungen für alles Mögliche zu finden. Was aber, wenn es für bestimmte Phänomene keine Erklärungen und keine Beweise gibt? Meiner Erfahrung nach gehen Menschen auf verschiedene Art und Weise damit um.

- Die erste Gruppe von Menschen hält das für wahr, was sie sieht und sonst nichts. Sie ist überzeugt davon, dass es nichts Unbekanntes gibt, weil nur das gilt, was erwiesen und somit Fakt ist.

- Die zweite Gruppe weiß, dass es im großen Unbekannten etwas gibt, das sie weder sehen noch beweisen kann. Jedoch tut sie sich schwer, das anzuerkennen. Sie möchte auf alle Fälle Beweise für das Unerklärliche finden, was jedoch unmöglich ist. Das Unbekannte soll für sie gut sichtbar und fühlbar sein. Sie sucht sich Experten, die ihr helfen, das Unsichtbare sichtbar zu machen. Da das jedoch häufig nicht funktioniert, ist diese Gruppe oft frustriert. Dazu gehören viele Menschen, die von Therapeut zu Therapeut laufen, bis jemand ihnen mitteilt, er hätte den Grund für ihr Problem gefunden. Entspricht das der Wahrheit, ist alles gut. Ist das nicht der Fall, wächst die Unzufriedenheit. Diese Gruppe findet sich nicht damit ab, dass es vielleicht keinen einzigen Menschen auf der Welt gibt, der die Ursache für ihr Problem kennt.

- Die dritte Gruppe ist ebenfalls davon überzeugt, dass es sichtbare und unsichtbare Dinge gibt. Sie versucht, das Mögliche zu erklären und sucht sich Expertenmeinungen wie die zweite Gruppe. Jedoch ist ihr bewusst, dass alle früher oder später an den unsichtbaren, unbekannten Kern stoßen. Diese Menschen akzeptieren das. Für sie ist das natürlich und keineswegs frustrierend.

Zu welcher Gruppe Mensch gehörst du? Bist du möglicherweise eine Mischung aus diesen drei Gruppen? Die meisten Menschen reagieren mal so und mal so, je nach Situation.

Auf eine Krankheit bezogen, würde die erste Gruppe lediglich das akute Symptom behandeln lassen, denn alles andere existiert für sie nicht.

Die zweite Gruppe würde nach der Ursache fragen. Wenn sie diese nicht findet, würde sie alle möglichen Therapeuten hinzuziehen. Wenn auch von denen der Grund nicht gefunden wird, werden die Menschen immer kränker und zweifeln an sich und anderen. Sie suchen weitere Spezialisten auf und verlieren die Hoffnung, wenn auch diese die Frage nach dem Warum nicht beantworten können. Sie meinen, es müsste irgendjemanden auf der Welt geben, der es weiß.

Die dritte Gruppe würde anfangs wie die zweite handeln. Falls dann selbst gute Fachleute dem Grund ebenfalls nicht auf die Spur kommen, akzeptiert sie dies leichter als die zweite Gruppe. Sie findet sich damit ab, dass sich die Antwort möglicherweise im Unbekannten befindet.

Da niemand aus seiner Haut heraus kann, ist alles in Ordnung. Ich habe mich entschieden, mich in die dritte Gruppe einzuordnen. Damit kann ich am besten umgehen. Ich akzeptiere, dass es eine Zeit gibt zu fragen und eine Zeit zu handeln. Wenn ich keine weitere Information bekomme, vermute ich diese im Unbekannten. Habe ich (noch) keinen Zugang dazu, stoppe ich erst mal meinen Fragefluss, denn er nützt gerade gar nichts. Vielleicht ändern sich meine Zugänge irgendwann, doch jetzt erfahre ich es nicht.

Die Menschen der zweiten Gruppe leiden am meisten. Ich weiß, es gibt extrem harte Situationen und Krankheiten, die kaum zu ertragen sind. Zusätzlich erschwerend ist die Tatsache, dass Menschen in solcher Lage manchmal daran zerbrechen, dass sie nicht hinter alle Geheimnisse des Lebens kommen. All jene möchte ich wieder und wieder darauf hinweisen, dass das Unbekannte nicht das Unbekannte wäre, wenn es bekannt wäre. Ob es uns gefällt oder nicht, irgendwann stößt jeder von uns an etwas, das niemand auf der Welt wissen kann. Daran zu verzweifeln, bringt uns nicht weiter. Das zu akzeptieren, macht vieles leichter. Unser Freund, der Frieden, liebt die Leichtigkeit in der Akzeptanz dessen, was nicht zu ändern ist.

Nützt es irgendetwas, innerlich gegen eine Tatsache zu kämpfen? Oder anders formuliert: Nützt es etwas, dagegen innerlich Krieg zu führen? Ich bin der festen Überzeugung, dass viele Krankheiten durch unsere inneren Kriege ausgelöst und am Leben gehalten werden.

Die Frage nach dem Nutzen kann uns auf den Weg zurückführen, der uns wirklich weiterbringt. Sie ändert nichts an der Tatsache, dass vieles unbekannt ist und bleibt. Doch wenn wir wirklich tief drinnen die Nutzlosigkeit des dagegen Ankämpfens fühlen können, geht es uns damit wahrscheinlich von Mal zu Mal besser. Am Ende könnte sich sogar unser Verstand fragen, ob er an belastenden, unnützen Gedanken noch länger festhalten will.

„Je mehr ich weiß, desto mehr weiß ich, dass ich nichts weiß."
Dieses Zitat wird Albert Einstein (1879 – 1955) zugeschrieben.

Laut Wikipedia ist der Satz *„Ich weiß, dass ich nichts weiß"* **bereits bei Cicero bezeugt (106-43 v. Chr.).**

Die Feststellung, dass das eigene Wissen äußerst begrenzt ist, ist demnach kein Grund zum Verzweifeln.

Wann ist also die Fragezeit im Sinne des Friedens zu Ende? Wann kommt die Zeit, in der es keinen Sinn mehr macht, bestimmte Fragen zu stellen?

- Dann, wenn es anscheinend keine für uns zugänglichen Antworten gibt.

- Dann, wenn wir die Antwort bereits vor Augen sehen.

- Dann, wenn wir einfach glücklich sind. Glück und genussvolle Momente sind zum Genießen da. Warum bin ich glücklich und fühle mich wohl? Wenn dich solche Fragen noch glücklicher machen, frag ruhig. Für mich macht das selten Sinn.

Ich versuche zu erspüren, ob mir die Fragestellung von Nutzen ist. Wenn ja, frage ich. Wenn nicht, dann nicht.

➤ Zusammenfassung:

Suche so viele Antworten auf deine Fragen, wie du möchtest, doch erkenne, wann es keinen Zweck mehr hat. Es gibt keine Antworten auf ALLE Fragen.

Deine innere Klarheit

„Ein Problem ist halb gelöst, wenn es klar formuliert ist." *(John Dewey, 1859 bis 1952, amerikanischer Philosoph und Pädagoge)*

Damals in der Schule hatten einige Jungen im Sommer Lupen mitgebracht. Nicht, um damit besser zu sehen, sondern um sie als Brenngläser zu benutzen. Sie hielten sie in die Sonne und hatten ihren Spaß daran, den dadurch entstandenen Lichtpunkt auf die nackten Beine der Mädchen zu lenken. Autsch, das tat weh. Genauso konnten sie auch ein Feuer entzünden, wenn sie den Punkt auf ein Stück Papier hielten. So wirkt Energie, wenn man sie bündelt und auf einen Punkt konzentriert. Ohne Brennglas wärmt die Sonne durch die Fenster hindurch. Mit Brennglas kann sie ein Feuer entfachen.

Klarheit funktioniert wie ein Brennglas. Wenn du unklar bist, verteilst du deine Kraft und Energie nach allen Seiten. Das ist wenig effektiv. Vielleicht fühlst auch du dich häufig kraftlos und müde wie viele andere? Hier die nächste, überaus entscheidende Frage:

Was genau willst du wirklich in deinem Leben?

Was willst du in einer ganz bestimmten Situation?

Gestern Abend saß ich nach längerer Pause mal wieder zur Entspannung vor dem Fernseher. Ich sah eine Krankenhausserie. Dort geht es um verschiedene menschliche Schicksale, wie kann es auch anders sein? Es handelt sich um Liebe, um Streit, um Trennung und wieder Zueinanderfinden, um Missverständnisse und um Gut und Böse. Gestern gab es ein Wortgefecht zwischen zwei Menschen, was ja vorkommen soll. Es ging hin und her, Schlag auf Schlag. Während eines minutenlangen Streitgesprächs warfen sich die beiden Kontrahenten abwechselnd etwas an die Köpfe. So lange, bis einer der beiden still wurde, zuhörte und ganz ruhig meinte: „Was willst du mir damit sagen?" Der andere setzte seinen Redefluss noch eine Weile fort, woraufhin der erste nachsetzte: „Welche Botschaft hast du für mich? Was genau willst du von mir?" Stille. Noch kein Frieden, aber schon mal Waffenstillstand.

Ja, was genau wollen wir, wenn wir uns z. B. mit jemandem streiten? Was genau wollen wir ihm mitteilen? Wir bekommen innere Klarheit, sobald wir uns diese Frage beantworten können. Klarheit bündelt unsere Kraft.

Welches Leben willst du jetzt wirklich leben?

Gleichermaßen staune ich über andere und über mich selbst. Was wir NICHT wollen, wissen wir sehr genau. Nicht mehr so viel arbeiten, nicht mehr so spät ins Bett gehen, uns nicht mehr mit dem Liebsten streiten, uns nicht mehr ausnutzen lassen und vieles, vieles mehr. Weshalb hat es die gute Fee so schwer mit uns, wenn sie uns Wünsche erfüllen will? Richtig, wir wissen nicht, was wir wirklich wollen. Der

Verstand plappert manchmal so, als wüsste er es. Er will einen Millionen-Gewinn im Lotto, einen Seelenpartner, ein Haus am Meer, einen Traumjob, ein neues Auto und zehn Kilo abnehmen. Meint er das ernst? Kann ja sein, darf er auch.

Die Frage an dich ist, was du in deiner Ganzheit wirklich willst **mit allen Folgen,** die das nach sich ziehen kann. Häufig bekommen wir Angst vor den Konsequenzen (siehe nächstes Kapitel). Ich denke, an dieser Stelle dürfen wir erst mal zur Ruhe kommen und uns wirklich auf diese Frage einlassen. Es ist von großer Bedeutung, darauf die Antwort zu finden, mag es auch Tage, Wochen oder Monate dauern. Die dadurch gefundene innere Klarheit sorgt für die Fokussierung unserer Kraft und Energie. Du findest deinen Weg und dieser führt dich irgendwohin. Ein Leben auf einem kraftvoll mit Energie geladenen Weg ist kreativ, zufrieden und die Voraussetzung für Glück, Liebe, Gesundheit und Frieden. In so einem Zustand brauchst du noch nicht einmal eine Wunschfee.

> **Die Antwort auf die Frage, was ich wirklich will, ist oft die Essenz einer langen Suche. Sie ist einfach, aber nicht immer einfach zu finden. Fehlt mir die Antwort, bin ich nicht klar.**

➤ Zusammenfassung:
   Konzentriere und bündele deine Kraft, die du für etwas nutzt, das deiner inneren Klarheit entspricht. Dein Frieden liebt deine innere Klarheit.

Wunsch nach Veränderung und Angst vor Veränderung

Was möchtest du verändern, wenn du rundherum in Harmonie und Glückseligkeit lebst? Ich kann es dir nicht verübeln, wenn du auf der glückseligen Wolke Nr. 7 nichts verändern möchtest. Es ist ja gerade so schön. Wunderbar, an dieser Stelle des Lebens dürfen wir einfach nur genießen. Sieht die Realität momentan bei dir so aus? Es sei dir von Herzen gegönnt.

Falls es anders sein sollte, willst du wahrscheinlich etwas verändern. Vielleicht ist es nur eine Kleinigkeit, weil du im Großen und Ganzen mit dir und der Welt zufrieden bist. Manchmal fehlt uns nur wenig zum Glück.

Ob eine Kleinigkeit oder etwas Größeres, hier wird es für dich interessant. Falls du zu den Glücklichen gehörst, die ich oben erwähnt habe: Du kannst dir dieses Kapitel solange sparen, bis du vielleicht irgendwann in einer neuen Lage bist und du wieder etwas anders gestalten möchtest.

Irgendwann, meistens viele Male im Leben, kommen wir an einen Punkt, an dem wir bewusst etwas verändern wollen. Wir meinen, es gibt etwas Besseres, etwas Passenderes und etwas Aktuelleres für uns. Das ist unser natürlicher Antriebsmotor. Tatsächlich tut es gut, wenn wir uns neu orientieren. Wir passen unsere Kleindung der Jahreszeit und den Gegebenheiten an. So passen wir auch dementsprechend unsere bewussten Veränderungen an das Leben an. Ein Kind hat andere Vorstellungen vom Glück als ein Erwachsener. Dieser ist mit dreißig Jahren anders glücklich als mit fünfzig oder achtzig. Veränderung ist Leben und Leben ist Veränderung. Ständig verändert sich alles bis in jede einzelne Zelle hinein. Nicht immer bemerken wir das. In besonderen Glücksmomenten scheint die Zeit still zu stehen.

Bist du in einem auch noch so kleinen Lebensbereich nicht hundertprozentig zufrieden, so führt das zum Wunsch nach Veränderung. Demnach ist Unzufriedenheit nicht grundsätzlich schlechter als Zufriedenheit. Die Unzufriedenheit treibt uns an, etwas neu zu überdenken, und für diese Aufgabe ist sie bestens geeignet. Schlecht bekommt sie uns dagegen, wenn wir fortwährend jammern und einen Schuldigen suchen. Einen vermeintlich Schuldigen können wir meistens finden, jedoch führt uns das in eine Sackgasse. Wir kommen dadurch nicht auf den Weg zum inneren Frieden zurück.

Der Wunsch nach Veränderung entsteht also an irgendeinem Punkt der Unzufriedenheit, sei sie auch noch so klein. Ist sie klein, wollen wir dementsprechend nur ein wenig verändern. Ist sie größer, wollen wir mehr Neues in Bewegung setzen.

Nicht selten hätten wir gern, dass sich etwas aus sich heraus verändert, ohne dass wir dafür aktiv werden müssen. Das geschieht tatsächlich gelegentlich. Da wir nicht als einzige auf der Welt etwas verändern wollen, tun es andere ebenfalls. Abzuwarten ist nicht immer eine schlechte Lösung. Problematisch wird es erst, wenn wir erwarten, dass andere Menschen etwas für uns verändern oder sich sogar selbst für uns verändern sollen.

Wir können andere Menschen nicht verändern, versuchen es dennoch immer wieder. Ich habe oft den Eindruck, wir versuchen es seit Anbeginn der Menschheit. Bisher habe ich noch nie gehört, dass es funktioniert hat. Warum hören wir nicht einfach damit auf, andere verändern zu wollen? Der andere kann sich nur selbst verändern (was er auch laufend tut). Vielleicht nicht so schnell, wie wir es möchten und nicht in die Richtung, die uns lieb wäre. Er mag aus seiner Sicht den Eindruck haben, dass wir uns zu schnell verändern, ebenfalls in eine andere Richtung, als ihm lieb ist. Der eine schleicht, der andere läuft schnell und beide in verschiedene Richtungen. Wir können den anderen bitten, mit uns gemeinsam nach einer Veränderung zu suchen, mit der beide Parteien gut leben können. Vielleicht verändern wir uns dann in ähnliche Richtungen. Das geschieht gelegentlich.

Möglicherweise gibt es nun einen Sturm der entrüsteten Verliebten: „Stimmt alles nicht, denn meine Liebste oder mein Liebster hat mich verändert! Vorher war ich depressiv und zu nichts zu gebrauchen. Jetzt bin ich glücklich und alles geht mir leicht von der Hand." Ja, ihr Verliebten, so fühlt es sich an. Genießt es! Dennoch, nein, nicht deine Liebste oder dein Liebster hat dich verändert. Du hast dich verändert, weil du dich verliebt hast und zahlreichen Glückshormonen die Gelegenheit gegeben hast, besonders aktiv zu sein. Das lässt dich auf Wolke 7 schweben und verleiht dir Flügel. Es setzt ungeahnte Kräfte in dir frei. Wie lange, bleibt abzuwarten.

Die Wolke 7 existiert jeweils nur für eine gewisse Zeit, manchmal Tage, Wochen oder sogar Monate. Auch wenn das Paar viele Jahre zusammen bleibt, verzieht sich diese schöne Wolke irgendwann. Die Beziehung verändert sich laufend. Für den Fall der Trennung des Paares bleibt die Wolke bestenfalls eine schöne Erinnerung.

Ich lege besonderen Wert auf die Tatsache, dass wir uns nur selbst verändern können und dass diese Aufgabe niemand anders übernehmen kann. Mag sein, dass dies auf den ersten Blick ernüchternd klingt. Wie romantisch ist dagegen die Vorstellung, mein Geliebter hätte mich verändert und ich ihn? Natürlich genau so, wie ich es mir immer gewünscht habe! Auf den zweiten Blick wäre es jedoch schlimm, wenn die Aufgabe der persönlichen Veränderung bei einer anderen Person als der eigenen läge. Es würde uns in die Abhängigkeit von einer anderen Person führen und unsere Freiheit drastisch einschränken. Spätestens dann, wenn sich die Wolke 7 aufgelöst hat, sind wir froh, dass wir selbst diese Aufgabe übernehmen können , auch dann, wenn es unromantisch ist.

Liebe Menschen um uns herum tragen ohne Zweifel ganz erheblich zur Steigerung unserer Lebensqualität bei. Menschen sind wie Herdentiere und für das ständige Einzelgängertum meistens nicht geschaffen. In welcher Art von Gemeinschaft wir auch leben, wir möchten gern dazu gehören. Unbestritten ist, dass uns die Gesellschaft prägt, in der wir leben. Wir selbst verändern uns IN und MIT der Gesellschaft.

Kann es sein, dass wir bewusst oder unbewusst andere Menschen verändern wollen? Bis heute ist das noch niemandem

gelungen. Macht es uns glücklich, wenn wir immer wieder etwas Aussichtsloses versuchen? Ist das friedvoll?

Zurück zu uns selbst. Warum fällt uns oft die Antwort auf die Frage so schwer, was genau wir Neues in unser Leben hineinziehen möchten? Wenn die Angst vor Veränderung genauso groß ist wie der Wunsch danach, erscheint in mir das Bild einer Waage, die genau austariert ist. Links ist der Wunsch nach Veränderung, rechts die Angst davor. Beides wiegt gleich schwer. Deshalb bewegt sich die Waage nicht. Sobald wir einer Seite auch nur ein Gramm hinzufügen, bewegt sie sich zur entsprechenden Seite. Bekommt der Wunsch nach Veränderung etwas mehr Gewicht, werden wir entsprechend handeln. Im anderen Fall schlägt die Waage Richtung Angst vor Veränderung. Dann werden wir alles daran setzen, es beim Alten zu belassen.

Es mag zunächst überraschend klingen, doch die Waage im Gleichgewicht zu halten, kann viel Energie verbrauchen. Folgendes Bild zeigt es uns deutlich: In der Schule spielten wir öfters im Sportunterricht Tauziehen. Die Hälfte der Klasse zog an einem Ende des Taus und die andere Hälfte am anderen. Wenn die Mannschaften genau gleich stark waren, bewegte sich das Tau nur etwas hin und her. Wir Kinder gaben alles, boten alle unsere Kräfte auf. Doch das Tau blieb etwa an gleicher Stelle. Es kann also viel, viel Kraft kosten, NICHTS zu bewegen. Bin ich zwischen dem Wunsch nach Veränderung und der Angst davor hin- und hergerissen, denke ich Tag und Nacht darüber nach, wohin die Reise gehen soll und komme doch nicht weiter. Das zehrt an mir und zerrt an meinen Nerven.

An einem entscheidenden Wendepunkt ihres Lebens wollte eine liebe Freundin ihren langjährigen Arbeitsplatz verlassen. In den 20 Jahren Arbeitsverhältnis in ihrer Firma war sie bis dahin vollauf zufrieden damit. Sie hatte auch jetzt nicht das Gefühl, dass sie es dort nicht mehr aushalten konnte. Doch Aushalten ist etwas anderes als sich glücklich fühlen. Vor allem viele Frauen im mittleren Alter ahnen, dass das Leben irgendwo da draußen noch etwas anderes für sie bereithält. Diese Freundin wollte ihrer künstlerischen Begabung folgen und ein Atelier mit Malschule eröffnen. Das war ihr großer Traum. Sie hatte sogar schon Anmeldungen von Interessenten für die Malschule.

Nun war der Zeitpunkt gekommen, an dem sie ihre Arbeitsstelle hätte kündigen müssen, um die Malschule mit Atelier aufzubauen. Da spürte sie ihre Angst. Der Verwirklichung ihres Traumes stand nun eine Existenzangst gegenüber. Beide waren gleich groß und gleich schwer. Es bewegte sich nichts. Es blieb äußerlich alles beim Alten. Wer von ihren Plänen nichts wusste, bemerkte nicht, dass in ihr ein Tauziehen stattfand.

Später erzählte sie mir, dass sie sehr wohl eine bewusste Entscheidung getroffen hatte. Sie hatte sich für ihren langjährigen Arbeitsplatz und nicht für die Erfüllung ihres tiefen Wunsches entschieden. Zum ersten Mal hatte sie die Existenzangst gespürt, die während ihres Arbeitsverhältnisses nie in Erscheinung getreten war. Es dauerte nicht lange, da wurde die Angst größer als der Wunsch nach der Erfüllung ihres Traumes. Das war der Moment, als sie sich von ihrer Idee verabschiedete und sich wieder der jetzigen Arbeitsstelle zuwandte.

Ob sie etwas verpasst hat oder ob ihr etwas erspart geblieben ist, weiß sie nicht. Wir wissen niemals, was wäre, wenn wir uns anders entschieden hätten. Fest steht, dass sie nun ihre Arbeitsstelle mehr zu schätzen weiß als vorher. Sie ist dankbarer geworden und hatte eine bewusste Entscheidung getroffen. Manchmal wird uns ein Wert erst dann bewusst, wenn wir ihn fast oder ganz verloren haben.

Wenn die Angst vor Veränderung gleich schwer wiegt wie der Wunsch danach, kostet uns das Kraft. Entscheiden wir uns, einer der beiden Seiten nachzugeben, haben wir unsere gesamte Energie für den gewählten Weg zur Verfügung. Das kann der alte oder ein neuer Weg sein. Wichtig ist, dass wir uns entscheiden und nicht lange Zeit stehenbleiben. Eine Pause in der scheinbaren Bewegungslosigkeit ist erlaubt, um Klarheit zu bekommen. Wahrscheinlich hat alles seine Zeit.

Was, wenn wir das Gefühl haben, wir hätten falsch entschieden? Was, wenn wir denken, wir hätten doch den anderen Weg nehmen sollen?

Gegenfrage: Was bedeutet hätte, sollte und wäre? Wäre es wirklich besser für dich, wenn du die andere Entscheidung getroffen hättest? Weißt du, was passiert wäre, wenn du anders gehandelt hättest?

Warum zerbrechen wir uns den Kopf über das, was wir gar nicht wissen können? Ich stelle mir bildlich wirklich einen Kopf vor, der zerbricht. Das tut doch weh! Für mich ist das Gewalt und nichts Friedliches. Was wäre, wenn ... kann nie-

mand wissen. Dennoch malen wir uns häufig aus, wie schön es woanders mit anderen Leuten zu einer anderen Zeit wäre, während wir hier aufgrund der falschen Entscheidung in der Hölle schmoren. Woher nehmen wir die Überzeugung, dass wir mit der anderen Entscheidung besser gefahren wären? Könnte es nicht genauso sein, dass uns durch unseren „Fehler" etwas erspart geblieben ist?

➢ Zusammenfassung:

Lange Zeit andauernde Unentschlossenheit kostet Kraft. Entscheide dich für einen bestimmten Weg und gehe ihn bewusst mit dir im Frieden. Das Leben führt dich immer wieder an Weggabelungen, die dir bei Bedarf eine neue Entscheidung erlauben.

Gönnen können

Ein Samstag im Wonnemonat Mai, strahlender Sonnenschein und angenehme Wärme. An diesem Vormittag hatte ich mir vorgenommen, einige Kleinigkeiten in einem schwedischen Möbelhaus zu besorgen. Ich beschloss, mein Auto stehenzulassen und mit dem Fahrrad den Radweg parallel zur Autobahn zu benutzen. Zum einen tat mir Rad fahren gut, zum anderen musste ich mich nicht in den täglichen Autobahnstau vor der aktuellen Baustelle stürzen. Ich genoss den Weg, freute mich über das schöne Frühlingswetter und dass ich dem langen Stau entfliehen konnte. Doch wo war er, der lange Stau? Von meinem Radweg aus konnte ich sehen, dass alle Fahrzeuge vor und in der Baustelle freie Fahrt hatten.

In meinem Kopf dachte es: „Blöd, immer ist da Stau, nur heute morgen nicht. Ausgerechnet jetzt fährst du hier Fahrrad, wo doch gar kein Stau ist. Du hättest auch das Auto nehmen können." Meine Laune erreichte schlagartig einen Tiefpunkt. Vorbei alle Gedanken an den wunderschönen Mai-Tag und den Sonnenschein. Zum Glück fällt mir immer schneller auf, was sich in meinem Kopf gelegentlich abspielt. Humor ist, wenn man trotzdem lacht. Ich musste in dem Moment vom Rad absteigen und erst mal in mich hineinlachen. Was ging da vor sich?

Warum hätte ich gern gesehen, dass andere im Stau gestanden hätten? Was hätte ich davon gehabt? Wäre das Wetter dadurch noch schöner geworden oder hätten die Vögel noch lauter gezwitschert? Hätte ich meinen Einkauf dadurch besser erledigen können? Auf alle

Fragen fand ich die eindeutige Antwort: Ich hätte überhaupt nichts davon gehabt.

Das Gefühl, das in mir beim Anblick eines langen Staus aufgekommen wäre, nennt man wohl Schadenfreude. Manche behaupten sogar, Schadenfreude sei die schönste Freude. Oh je! Ich hätte mich gefreut, wenn die anderen im Stau gestanden hätten, dem ich aufgrund meiner umsichtigen Planung und der Entscheidung für das Fahrrad entkommen wäre. In diesem Moment verging mir das Lachen wieder. Ich wurde nachdenklich.

Gleichzeitig bemerkte ich, wie verbreitet so ein Denken bei uns Menschen ist. Wie oft wünschen wir anderen Menschen meist unbewusst, dass es ihnen schlechter gehen möge als uns selbst. Natürlich nicht den Menschen, die wir lieben, aber allen anderen, ganz bestimmt aber denen, die wir nicht gut leiden können. In meinem Fall waren es lauter Unbekannte, denen ich schlichtweg die freie Fahrt missgönnte.

Ein anderes Beispiel: Auf der hiesigen Bundesstraße wechselt die Geschwindigkeitsbegrenzung zwischen 100, 70 und stellenweise 50 km/h. Ich bemühe mich immer, das Tempo einzuhalten. Hinter mir war eines Abends jemand äußerst ungeduldig und überholte mich im 50er Bereich mit einer Geschwindigkeit von gefühlten 120 km/h. Das ist hier gar nicht so selten. Sekunden später folgte ein weiteres Fahrzeug, das sich an die Fersen des ersten heftete. Sofort blitzte in mir der Wunsch auf, es möge doch jetzt bitte die Polizei kommen und diese beiden Wahnsinnigen aus dem Verkehr ziehen. Kaum war das gedacht, überholte das zweite Fahrzeug sogar das erste und zwang den ersten Raser an der nächsten Kreuzung zum Anhalten. Das zweite war wirklich ein Polizeifahrzeug, wie sich herausstellte.

In dem Moment fühlte ich mich wie zu Weihnachten und Ostern gleichzeitig. So eine Genugtuung! Das hat er nun davon, dieser Blödmann, wenn er sich so rücksichtslos über die Verkehrsregeln hinwegsetzt!

Nun ja, ich behaupte nicht, dass ich solchen Fahrstil in Ordnung finde, auch jetzt nicht. Doch ich kenne weder den Fahrer, noch die Umstände, die zu seiner Raserei geführt haben. Ich vermute, es war jemand, der einfach Spaß am Rasen hat. Doch weiß ich das? Wie hätte ich die Situation beurteilt, wenn es sich um einen werdenden Vater gehandelt hätte, der seine hochschwangere Frau schnell in die Klinik hätte bringen müssen? Schließlich war die Straße frei, und es gibt sicher schönere Geburten als die in einem Auto auf der Bundesstraße 9.

So hatte ich den Autofahrern nichts Gutes gegönnt. Dem Raser hatte ich eine unangenehme Erfahrung gewünscht wie den Führerscheinentzug, etliche Punkte in Flensburg sowie ein saftiges Bußgeld.

Noch einmal meine Frage: Was habe ich davon, was haben wir davon, wenn wir anderen etwas Gutes missgönnen und etwas Unangenehmes wünschen? Schadenfreude, Genugtuung, aber warum und wozu?

Ich bin mir auch jetzt nicht sicher. Meine Vermutung ist, dass wir uns laufend mit anderen Menschen vergleichen. Wenn es anderen schlechter geht als uns, muss es uns logischerweise besser gehen als den anderen. Wenn die anderen aber freie Fahrt haben und ich hatte an dieser Stelle immer Stau, was dann? Was, wenn dieser Raser einfach davongekommen wäre, während ich neulich ein Schild übersehen habe? Ich halte mich üblicherweise peinlich genau an die Verkehrsvorschriften, doch an jenem Tag blendete mich die Sonne. Ausgerechnet da stand die Polizei und ich durfte zahlen. Wenn es den anderen also vermeintlich besser geht als mir, kann es mir nur schlecht gehen. So denkt anscheinend mein Ego.

Wohin führen solche Gedanken? Anderen Menschen etwas Gutes nicht gönnen können und etwas Schlechtes wünschen, führt niemals in den Frieden. Zeit für Veränderung!

Seit meinen Gedanken auf dem Fahrrad, nehme ich das Wort „gönnen" viel häufiger in den Mund. Wann immer mir jemand von seinem Glück oder Erfolg berichtet, habe ich mir einen Satz wie „Ich gönne es dir von Herzen" zur Gewohnheit gemacht. Allerdings will ich das auch unbedingt mit dem Herzen fühlen. Dann wird es weit. Ehrlich zu gönnen, kommt niemals allein. Es folgen stets Gefühle wie Offenheit und Freude mit dem anderen. Das wiederum gefällt meinem Frieden.

Du kannst es wahrscheinlich gut nachvollziehen, sofern es Menschen betrifft, die du gut leiden kannst. Stell dir nun bitte vor, jemand, den du noch nie ausstehen konntest, berichtet dir von seinem Erfolg. „Ich gönne es dir von Herzen" wäre wohl in dem Fall eine Lüge, oder? Dein Ego fühlt sich dabei nicht wohl. Es merkt, dieser Mensch hat Erfolg. Dem geht es gut. Du hast vielleicht gerade keine Glückssträhne. Dir geht es demnach schlechter. Keine glückliche Lage für dein Ego. Es will, dass du mehr Erfolg hast als der andere, was aus der Sicht des Egos verständlich ist. Also keine Rede davon, dass du dem anderen seinen Erfolg von Herzen gönnst. Das ist auch nicht nötig im Sinne des Friedens. Keine Sorge, es gibt hier einen Ausweg ohne Lüge.

Du kannst dir wieder einmal Fragen stellen: Nützt es dir etwas, wenn du dem anderen seinen Erfolg nicht gönnst? Was bringt dir das? Wirst du erfolgreicher, wenn du es ihm nicht gönnst? Bist du weniger erfolgreich, wenn dieser Mensch Erfolg hat? Weißt du ganz sicher, ob er wirklich Erfolg hat? Kannst du wissen, wie lange er Erfolg hat? Geht es dich irgendetwas an, ob er Erfolg hat oder nicht? Ist es nicht besser für dich, wenn du dich um deinen eigenen Erfolg kümmerst? Was kann der andere möglicherweise wirklich besser als du? Kannst du von ihm lernen, obwohl du ihn nicht leiden kannst?

Du musst ihn also nicht lieben und ihm auch nichts von Herzen gönnen. Diese zahlreichen Fragen können dir helfen, deinen Frieden in dieser Angelegenheit zu finden. Vielleicht findest du daraufhin sogar Frieden mit diesem Menschen, wer weiß? Das könnte bedeuten, dass du ihm irgendwann wirklich etwas Gutes gönnen kannst.

➢ Zusammenfassung:
   Für dich fällt nicht weniger ab, wenn du anderen Gutes gönnst. In ständiger Konkurrenz zu leben, weil andere intelligenter, schöner und vermögender sind, ist anstrengend und dient eher dem Krieg als dem Frieden.

Frieden durch Krieg erschaffen?

Es wird immer wieder versucht!

„Jeder Krieg gehört aufs Papier" (Byron Katie)

Willst du herausfinden, ob der Gedanke, den du in einer bestimmten Situation denkst, friedlich ist oder nicht? Dann frage dich, wie er sich anfühlt. Belastet er dich oder fühlst du dich gut, wenn du ihn denkst?

Wodurch erschaffen wir Frieden? Werfen wir einen traurigen Blick auf die Geschichte bis in die jetzige Zeit. Es wird immer noch gehandelt nach dem Motto: Wir wollen ja keinen Krieg, aber die Lage zwingt uns dazu, im Sinne der Menschenrechte von unseren Waffen Gebrauch zu machen. Das genügt, um Kriege zu rechtfertigen. Wenn eine der beiden verfeindeten Parteien keine Luft mehr zum Atmen hat, ist der Krieg vorbei. Ist das schon Frieden?

Frieden beginnt bekanntlich in den Herzen der Menschen. Ob sich die Herzen der Menschen durch Kriege öffnen?

Da Weltpolitik nicht mein Thema ist, zurück zum inneren Frieden. Befindest du dich gelegentlich im inneren Krieg? Nun, mir passiert es nach wie vor. Mittlerweile werde ich mir dessen schnell bewusst und weiß, dass ich mich mal wieder nicht genug um meinen Frieden gekümmert habe. Zum Glück nimmt er es mir nicht übel und stellt sich umgehend wieder bei mir ein, sobald mir das bewusst wird.

Das Leben mit meinen Lieben verläuft zum Glück besonders friedlich, wirklich. Würde sich alles ausschließlich in meiner Familie, mit den guten Freunden und wohlmeinenden Patienten abspielen, könnte ich denken, es gäbe nur Frieden. Allerdings bleiben auch mir aggressive Autofahrer, Massentierhaltung, Kinderprostitution, Drogenhandel und weltpolitisches Chaos nicht verborgen, um nur einiges zu nennen.

Mit den aggressiven Autofahrern kann ich mittlerweile gut umgehen. Ich weiß, sie treten auf und verschwinden kurze Zeit später wieder aus meinem Blickfeld. Ganz anders z. B. beim Thema Massentierhaltung und wie wir Menschen mit unseren Mitgeschöpfen umgehen. Es genügt, wenn ich bei einem Discounter eine begeisterte Kundin höre: „Guck mal, nur 3,98 € für die ganze Platte Grillfleisch." Ich gebe zu, dieser äußere Impuls kann ausreichen, um in meinem Kopf einen Krieg anzuzetteln. In mir erscheinen Bilder von gequälten, mit Hormonen und Antibiotika gemästeten Schweinen, die zudem auf brutale Weise getötet wurden und schließlich am Samstagabend für 3,98 € zu Bier und Wein auf den Tellern dieser Kundin und deren Gästen landen. Der gedankliche Krieg breitet sich in mir aus. Warum kapieren die Menschen nicht, was sie mit einem solchen Verhalten anrichten? Ist es ihnen am Ende ganz egal, wie es den Tieren geht? Mit solchen Gedanken geht es mir auf jeden Fall schlecht.

Früher wütete so ein gedanklicher Krieg in mir oft tagelang. Inzwischen habe ich glücklicherweise gelernt, dass ich damit niemals Frieden schaffen kann. Bewirkt dieser Krieg im Kopf, dass tatsächlich weniger Fleisch aus Massentierhaltung gekauft wird? Wird das Tierelend dadurch weniger, dass mir elend zumute ist?

Wie können wir nun den inneren Krieg in uns in inneren Frieden umwandeln? Das funktioniert, indem wir uns immer wieder die Frage nach dem Nutzen unserer Gedanken stellen. Nicht nur einmal, sondern immer, sobald es in uns kriegerische Auseinandersetzungen mit anderen Menschen oder Situationen gibt. Möglich, dass dies ein Leben lang so bleibt. Also gilt es, sich stets um den Frieden zu kümmern bzw. die Freundschaft mit ihm gut zu pflegen. Wo Frieden ist, kann Krieg nicht sein.

Ebenso drängt sich auch die Frage auf, ob mein innerer Friede – wenn ich ihn wiedergefunden habe - etwas an der Situation ändern kann. Was bedeutet es in diesem Fall, den inneren Frieden zu finden? Kann ich mit der Massentierhaltung im Frieden, also zufrieden sein?

Natürlich kann ich damit sowie mit jeglicher Art von Gewalt und Grausamkeit nicht zufrieden und im Frieden sein. Das geht nicht. Aber ich kann wieder mit mir selbst in den Frieden kommen (siehe oben). Ich kann nicht die ganze Welt retten, nicht einmal alle Tiere aus der Massentierhaltung. Doch ich kann durch meine Art zu leben einiges verändern. Das gelingt mir um Längen besser, wenn es in mir friedlich ist. Solange der gedankliche Krieg tobt, bekomme ich keine guten Ideen. Sobald es still und friedlich geworden ist, sind die Gedanken wieder konstruktiv und lösungsorientiert.

Mit meinem inneren Frieden geht es mir auf alle Fälle viel besser als mit meinem inneren Krieg. In welcher Lage kann ich mir und anderen wirklich helfen und nützlich sein? Kann ich mehr bewirken, wenn es mir gut oder wenn es mir schlecht geht? Das ist wohl keine Frage.

So ist mir mein innerer Friede nicht nur erlaubt, sondern er ist notwendig. Ohne ihn kann ich auch anderen nicht von Nutzen sein.

Nun etwas, das manche Menschen gar nicht gern hören: Wie alles, hat auch der innere Krieg seine Aufgabe, solange er sich zeigt. Auch er will von uns gefühlt und zur Kenntnis genommen werden, damit wir ihn dann verabschieden und in Frieden verwandeln können.

Frieden wird durch friedliche Gedanken und Handlungen erschaffen. Auf dem Feld des Friedens hat der Krieg keinen Platz. Umgekehrt lässt sich Krieg mit Frieden abschaffen. Sogar dem Krieg gebühren friedliche Gedanken. Das mag befremdlich klingen, doch indem wir gegen ihn kämpfen, lassen wir uns auf ihn ein. Begegnen wir ihm friedlich, hat er keinen Gegner mehr. So kann Frieden entstehen. Krieg braucht immer einen Gegner. Frieden genügt sich selbst.

➢ Zusammenfassung:

Ganz einfach: Es funktioniert nicht, Frieden durch Krieg zu erschaffen. Andernfalls hätten wir bereits überall Frieden.

Was hat der innere mit dem äußeren Frieden zu tun?

„Es kann der Frömmste nicht in Frieden leben, wenn es dem bösen Nachbarn nicht gefällt." (Zitat aus Wilhelm Tell IV, 3. (Teil) von Friedrich von Schiller)

Stimmt das?

Wir wohnten viele Jahre neben einer Bäckerei. Das hatte Vorteile, herrlich, der Duft von frisch gebackenen Brötchen am Morgen. Es hatte wie alles auch seine Nachteile. Häufig wurden wir zugeparkt. Die Straße bot nur wenige Parkplätze. Wer mit dem Auto zum Brötchenholen fuhr, suchte oft vergeblich nach einer Parkmöglichkeit. Nicht selten kam einigen Bäckerkunden unsere Ein- und Ausfahrt zum Autoabstellen äußerst gelegen, Parkverbot hin oder her. Beim Bäcker würde es ja nicht lange dauern, dachten sie jeden Samstagmorgen. Zu den besten Zeiten standen die Kunden Schlange. Da konnte es schon mal eine Viertelstunde dauern. Zur Zeit meiner Tierheilpraktiker-Ausbildung hatte ich jeden Samstagvormittag Schule. Regelmäßig stand ein Fahrzeug vor unserer Ausfahrt. Genauso regelmäßig bat ich die betreffenden Kunden im Laden, ihr Auto umgehend dort wegzufahren, da um 9 Uhr pünktlich mein Unterricht begänne und ich mich selbst auf den Weg durch eben diese Ausfahrt begeben müsse. Einige waren einsichtig, andere blieben stur im Laden stehen, bis sie an der Reihe waren. Kein „Es tut mir leid", keine Eile, und das Samstag für Samstag. Ich halte mich für einen geduldigen Menschen und versuchte es auch in diesen Situationen mit Freundlichkeit. Doch je mehr uneinsichtigen Kunden ich begegnete, desto mehr ärgerte mich dieses ignorante Verhalten. Obwohl ich mir Mühe gab, freundlich zu bleiben, konnte ich vermutlich meinen Ärger nicht vollständig vor den anderen verbergen. Dadurch wurde es allerdings nicht besser. Es blieb, wie es war.

Eines Morgens war es wieder soweit. Ich kam wirklich zu spät zum Unterricht, weil mich wie so oft ein Auto am rechtzeitigen Fortfahren gehindert hatte. Das Recht war auf meiner Seite und die Leute waren rücksichtslos. Ja, das stimmte. Aber was nützte mir diese Tatsache? Was wollte ich tun? Sicher, ich hätte die parkenden Autos fotografieren und die Falschparker anzeigen können. Wollte ich das? Hatte ich dazu Lust? Blödsinn, dachte ich bei mir.

Was sollte mir das alles zeigen? Für diese Frage nahm ich mir am Abend des betreffenden Tages Zeit. Rücksichtslosigkeit ist zweifellos etwas, das mich ärgert und oft sehr betroffen macht, Unrecht ebenso. Also ist beides etwas, das ich nicht erst kenne, seitdem mich die Autofahrer zuparkten. Es ist ein mir schon bekanntes Gefühl der Hilflosigkeit, mit Rücksichtslosigkeit und Unrecht konfrontiert zu werden. Deshalb war ich bis dahin immer wieder froh, wenn ich mich ablenken und an etwas anderes denken konnte. Wer fühlt sich schon gern hilflos? Zu dieser Zeit wiederholte sich jenes Gefühl ebenso hartnäckig wie regelmäßig, nämlich jeden Samstagmorgen. Die Ablenkung hielt demnach längstens eine Woche an.

Inzwischen hatte ich schon einiges über Gefühle gelernt, auch und gerade über unangenehme. Ich wusste, dass es nicht gesund ist, sie einfach zu unterdrücken. Mehr noch, ich wusste, dass sie für etwas gut waren. Fragte sich nur, wofür.

Wie gewöhnlich, stellte ich mir die Frage nach dem Nutzen. Parken die Leute weniger häufig vor unserer Ausfahrt, wenn ich mich ärgere? Parken die Leute weniger davor, wenn ich sie als rücksichtslos bezeichne? Parken sie nicht mehr hier, weil sie im Unrecht sind? Nein, nein und nochmals nein. Das Verhalten der Leute änderte sich dadurch nicht, dass ich mich hilflos fühlte und sie als rücksichtslos bezeichnete. Einen Nutzen konnte ich in diesen Gedanken nicht erkennen.

Wie gern hätte ich erlebt, dass mich jemand von ihnen mit einem Strauß Rosen um Entschuldigung gebeten und seine Rücksichtslosigkeit eingestanden hätte, zusammen mit einem gewissen Anzeichen von Reue und der Aussage, dass das nie wieder vorkommen würde. Gleichzeitig hielt ich diesen Wunsch für völlig unrealistisch. Darauf konnte ich lange warten. Nein, es ist nicht die Aufgabe anderer Menschen, dafür zu sorgen, dass ich mich gut fühle. Das ist allein meine Aufgabe. Andernfalls wäre ich von ihrem Wohlwollen abhängig.

Wollte ich Maßnahmen ergreifen? Wollte ich die Parksünder anzeigen? Oder mit einer Schlägertruppe in die Bäckerei gehen, um sie mit solchen Argumenten zu überzeugen? Na, das war sowieso nicht ernst gemeint. Da ich nicht zu solchen Maßnahmen greifen wollte, würde ich an dieser Situation direkt nichts ändern können. Mir jedenfalls fiel dazu nichts ein.

Was ich getan hatte, war kaum erfolgreich. Als Reaktion auf mein freundliches Bitten entfernten einige Kunden sofort ihre Fahrzeuge, die meisten rührten sich jedoch nicht. Die Angelegenheit war zwar nicht lebensbedrohlich, aber dennoch äußerst ärgerlich.

Unangenehme Gefühle tauchten aufgrund des Unrechts und des rücksichtslosen Verhaltens auf, was mich meine eigene Ohnmacht, meinen Ärger und die aufsteigende Wut deutlich spüren ließ. Während solche Gefühle bei einigen Menschen aggressives Verhalten auslösen, bewirken sie bei mir Betroffenheit und gefühlte Hilflosigkeit. Krieg verbinden wir eher mit dem aggressiven Verhalten. Doch innerer Krieg entsteht auch durch unangenehme Gefühle, gegen die wir kämpfen. Sind diese Gefühle erst einmal vorhanden, wollen sie gefühlt und nicht bekämpft werden. Kampf ist Kampf, ob gegen andere oder gegen sich selbst., ob gegen Gefühle oder gegen Gedanken. Besser ist, alles aufs Papier zu bringen. Ich schreibe meine belastenden, schmerzenden Gedanken und Gefühle gerne auf. Dann erst werden sie mir richtig bewusst.

In dieser Situation fragte ich weiter. War ich tatsächlich ohnmächtig, so ganz ohne Macht? Nein, denn es war meine eigene Entscheidung, nichts weiter zu unternehmen. Das nicht wirklich ernst gemeinte Bild einer Schlägertruppe gefiel mir schon gar nicht. Ich war nicht ohnmächtig. Solche Maßnahmen wären mir zum einen lächerlich vorgekommen, zum anderen hätte ich damit auf das Verhalten der betreffenden Leute mit Methoden reagiert, die sehr an eine Kriegserklärung erinnert hätten. Man findet irgendwo einen Schuldigen und reagiert auf dessen Verhalten mit Aggression, im Großen genauso wie im Kleinen. Die Entscheidung, NICHTS Derartiges zu unternehmen, war kein

Ausdruck der Hilflosigkeit, sondern ein bewusst getroffener Entschluss.

Was war mit der Rücksichtslosigkeit? Gibt es rücksichtslose Menschen? Diese Frage musste ich mit einem klaren Ja beantworten. Es gibt sie und das wissen wir alle. Was bringt es, gegen diese Tatsache zu kämpfen? Kann ich darüber hinaus die Menschen einfach in Schubladen einteilen? Auf der einen steht „rücksichtsvoll", auf der anderen „rücksichtslos" und alle Menschen passen entweder in die eine oder in die andere? Passen wir nicht alle irgendwann mal in die eine und dann wieder in die andere Schublade? Auch das ist wohl eine Tatsache. Damals litt ich noch sehr darunter. Rücksichtslosigkeit schmerzte immer wieder neu. Mir wurde bewusst, dass Kämpfe gegen die existierende Rücksichtslosigkeit nie erfolgreich enden können. Genau das war es, was wirklich schmerzte. Die Rücksichtslosigkeit der anderen gab mir den Impuls, in meinem Kopf einen aussichtslosen Kampf zu führen. Zum wiederholten Mal entstand in mir das Bild des Menschen, der ständig mit dem Kopf gegen die Mauer schlägt. Er bekommt Kopfschmerzen, während die Mauer völlig unbeeindruckt bleibt. Kann mein innerer Krieg dazu führen, dass es weniger Rücksichtslosigkeit unter den Menschen gibt? Nein!

Vielleicht wendest du jetzt ein: „Ja, aber Rücksichtslosigkeit ist doch wirklich eine miese Eigenschaft und Unrecht kann ich nicht dulden." Da magst du wiederum Recht haben. Es geht aber hier um die Frage, ob solche Gedanken irgendetwas verbessern können.

Ich konnte also zunächst nichts daran ändern, dass einige der Bäcker-kunden unrechtmäßig vor unserer Ausfahrt parkten und sich rück-sichtslos verhielten. Doch irgendetwas wollte ich verändern. Wo und wie war das möglich? Konnte ich bei mir vielleicht nur eine Kleinigkeit anders machen als gewohnt? Dieser Gedanke führte mich endgültig aus dem Ohnmachtsgefühl hinaus. Ich hatte keine Lust dazu, einen halben Samstag ärgerlich auf die Leute zu sein, die ihrerseits vermut-lich schon längst ihre Brötchen zum Frühstück genossen hatten. Schließlich hatte ich Besseres vor. Ob Recht oder Unrecht, ich be-schloss, samstags noch weitere 10 Minuten früher aufzustehen als bis dahin. Am Samstagmorgen wollte ich einen günstigen Zeitpunkt ab-warten und dann mein eigenes Auto in unsere Ausfahrt stellen. So fand ich in dieser samstäglichen Situation meinen inneren Frieden.

Was taten die Fahrer der betreffenden Fahrzeuge überhaupt? Das war die nächste Frage. Sie versperren mir den Weg, antwortete ich mir. Richtig, aber nur einige Minuten. Da diese Gedanken in meinem Kopf mindestens einen halben Vormittag kriegerisch ihr Unwesen trieben und mich abends noch einmal einholten, stellte sich eine weitere Fra-ge: Wer versperrt sich denn hier die meiste Zeit im übertragenen Sinn den Weg? Das war der Zeitpunkt, an dem sich alles in mir entspannte. Bei der Gelegenheit kam ich darauf, dass ich mir selbst tatsächlich öfter im Weg stehe. War es das, was ich zu lernen hatte? Auf jeden Fall war es das, was ich lernen WOLLTE. Wo und wann genau stand ich mir selbst im Weg? Alles, was mir dazu einfiel, schrieb ich auf.

Kaum zu glauben, aber fast freute ich mich auf den kommenden Sams-tag. Es war Zeit, mein Auto vorsorglich vor unsere Ausfahrt zu stellen. Tatsächlich: Zu so früher Stunde stand schon ein Auto dort. Diesmal ging ich nicht in den Laden, um den Schuldigen zu suchen, sondern blieb eine Weile stehen. Wirklich nur eine sehr kurze Weile. Dann eilte die Fahrerin von drinnen nach draußen, kam auf mich zu und meinte: „Entschuldigung, ich habe gar nicht gesehen, dass hier eine Ausfahrt ist. Tut mir leid, ich fahre sofort weg. Kommt nicht wieder vor."

Ich war sprachlos. An diesem Morgen verspürte ich absolut keinen Ärger und keine Wut. Da war er, der Strauß Rosen, den ich mir gewünscht hatte, zwar ohne reale Blumen, aber das spielte keine Rolle. Ich war an diesem Morgen schon mit friedlichen Gedanken aufgestanden. Keine Konzentration darauf, wer mich wieder zuparken könnte, sondern darauf, wann ich mein eigenes Auto in die Ausfahrt stellen konnte. War das hier die Antwort auf meinen inneren Frieden?

Offensichtlich war es genau so. Es klingt wie ein Märchen, aber in den folgenden Wochen parkten extrem selten fremde Fahrzeuge vor unserer Ausfahrt. Wenn doch, verhielten sich die Leute überwiegend freundlich und rücksichtsvoll wie die Frau an jenem Samstagmorgen.

Mein innerer Friede führt offensichtlich dazu, dass die Menschen mir friedlich gesonnen sind. Wie innen, so außen, trifft auch hier zu. Was könnte passieren, wenn immer mehr Menschen ihren inneren Frieden finden und sich gut um ihn kümmern? Um Krieg zu führen, braucht es immer zwei. Um Krieg zu beenden, braucht es nur einen. *„Stell dir vor, es ist Krieg und keiner geht hin!"* (ursprünglich vom amerikanischen Schriftsteller Carl Sandburg übernommen, im Original

lautet es: „Sometime they'll give a war and nobody will come.")

Wie merke ich, wenn ich mal wieder im inneren Krieg bin? Sobald ich gegen etwas kämpfe, was ich gerade nicht ändern kann, bin ich nicht im Frieden und auch nicht zufrieden.

„Gott, gib mir die Gelassenheit, Dinge hinzunehmen, die ich nicht ändern kann, den Mut, Dinge zu ändern, die ich ändern kann und die Weisheit, das eine vom anderen zu unterscheiden.“ (Reinhold Niebuhr, amerikanischer Theologe, Philosoph und Politwissenschaftler, 1892 bis 1971).

Meine Geschichte hat sich wirklich so zugetragen. Sie ist keineswegs übertrieben. Nicht immer reagiert der äußere Frieden so unmittelbar auf den inneren. Manchmal lässt dieser länger auf sich warten. Wichtig ist für dich, dass du im inneren Frieden bist und bleibst. Alles Weitere ist nicht deine Aufgabe. Langfristig verändern sich nach den inneren auch die äußeren Lebensumstände. Wie und wann genau, musst du allerdings dem Unbekannten überlassen.

Du hast es nicht in der Hand, ob es dem „bösen Nachbarn" (stellvertretend für alle „Bösen") gefällt oder nicht, wenn du in Frieden lebst. Es ist möglich, dass dein innerer Frieden ihn tatsächlich ansteckt wie in diesem Beispiel.

Eine andere Möglichkeit wäre, dass ihn das alles nicht beindruckt und er so bleibt, wie er war. Was dann? Wenn du allerdings mit dir im Frieden bist und dich auf die Freundschaft mit deinem Frieden konzentrierst statt auf den Nachbarn, bekommst du von der Situation ein anderes Bild:

Entweder macht es dir nicht mehr viel aus, Seite an Seite mit ihm zu leben und er ist dir egal.

Oder es stört dich nach wie vor, aber du überträgst ihm nicht mehr die Schuld dafür. Dein Freund, der Frieden, verteilt keine Schuld, weil das zu nichts führt. Nun kannst du nach einer für dich akzeptablen Lösung suchen. Es kann sein, dass du umziehen willst. Wer weiß, vielleicht tut dir ein Wechsel in jeder Beziehung äußerst gut. Du brauchst nur einen Anlass dafür, den du ohne diesen Nachbarn nicht hättest. In dem Fall wäre er für etwas gut. Nicht nötig, dass du ihn deswegen umarmst, aber mit deinem Frieden kannst du etwas erkennen, das bis dahin im Unbekannten gelegen haben könnte.

➢ Zusammenfassung:
> Beginnen wir mit dem Frieden im Innen. Dann kann es auch mit dem Nachbarn klappen.

Krieg oder Frieden mit und in deinem Körper

Du hast mit deinem Körper einen Verbündeten, der ständig an deinem Wohl interessiert ist. Wo du gehst und stehst, er will unbedingt, dass es dir gut geht. Als du damals auf diese Welt kamst, hast du deinen Körper vom Leben geschenkt bekommen. Irgendwann wirst du ihn wieder verlassen.

Wie geht es dir mit deinem Körper? Bist du ihm zutiefst dankbar, dass er immer für dich da ist?

Was hast du möglicherweise an ihm auszusetzen? Ist er zu groß, zu klein, zu dick, zu dünn? Findest du einige Teile deines Körpers nicht in Ordnung wie z. B. zu kurze Beine, zu faltige Haut oder zu große Füße? Kennst du einen Menschen, der wirklich seinen Körper hundertprozentig in Ordnung findet? Ich muss gestehen, ich nicht. Die mir bekannten Menschen finden alle irgendetwas an ihrem Körper auszusetzen, ich selbst eingeschlossen.

Bis jetzt habe ich nur nach dem Aussehen gefragt Wir alle wissen und haben es wahrscheinlich schon mehrfach erlebt, dass unser Körper auch krank wird. Irgendetwas in diesem erstaunlichen Wunderwerk funktioniert nicht so wie im gesunden Zustand. Frage ich meine Patienten, ob sie auch während einer Krankheit ihrem Körper zutiefst dankbar sind, schaue ich meist in erstaunte Augen. Einige antworten mir: „Wieso? Der soll wieder funktionieren, was er gerade nicht tut. Soll ich ihm dafür auch noch dankbar sein?"

Sie antworten meist anders, wenn ich sie bitte, sich den Körper als kleines Kind vorzustellen. Diesem, sagen wir, vierjährigen Kind wird immer wieder zu verstehen gegeben, dass es zu dick ist und zu viele Sommersprossen hat. Tagtäglich bekommt es das zu hören und kann nichts daran ändern. Überflüssig die Frage, wie es sich dabei fühlen mag. Nun bekommt es obendrein einen grippalen Infekt. Die Nase ist verstopft, der Hals tut weh und der Kopf schmerzt. Während einige Menschen ihrem Körper die nötige Ruhe gönnen, schonen sich andere nicht. Sie kämpfen gegen ihre Krankheit. Das kleine Kind wird also neben den dauernden, schmerzenden Bemerkungen auch noch bekämpft. Gegen dieses Wesen wird Krieg geführt, weil es nicht so funktioniert, wie wir es gerne hätten. Als kleine Kinder sind wir total abhängig, glücklicherweise als Erwachsene nicht mehr. Unser Körper dagegen bleibt ein Leben lang abhängig von uns.

Sehen wir uns an, was wir für unser kleines Kind tun, damit es wenigstens in anderen Bereichen froh und glücklich sein kann. Geben wir ihm schmackhafte, gesunde Nahrung mit genügend Nährstoffen? Führen wir es regelmäßig zur Entspannung durch die Natur? Loben wir es einfach dafür, dass es jeden Tag bei uns ist?

Sobald wir uns den Körper so vorstellen, kann Mitgefühl entstehen. Dann können wir mit ihm fühlen. Ganz sicher, er will, dass es uns so gut geht wie möglich. Wird er jedoch abgelehnt, macht er eventuell auf eine für uns unangenehme Weise auf sich aufmerksam. Wer könnte das nicht nachvollziehen? Darüber hinaus versorgen wir ihn nicht immer vorbildlich. Das kann er bis zu einem gewissen Grad verkraften. Alles, was darüber hinausgeht, speichert er in seinem Langzeitgedächtnis ab. Irgendwann ist das Fass zum Überlaufen voll und der erste Tropfen tritt über den Rand. In diesem Moment wird ein Symptom sichtbar. Das nennen wir Krankheit.

Sind wir unserem Körper dankbar dafür oder nehmen wir es ihm übel, wenn wir krank sind? Mir ist bewusst, es ist viel verlangt, während einer Krankheit dankbar zu sein. Sie passt selten in unsere Pläne und macht uns gerne einen Strich durch die Rechnung. Als Kind kam mir meine Bronchitis sehr gelegen, weil ich die Mathearbeit nicht mitschreiben musste. Als Erwachsene jedoch sieht die Welt auch in dieser Beziehung anders aus. Krankheit stört. An dieser Stelle mein volles Verständnis dafür, wenn du dich bei Krankheit mit Dankbarkeit für deinen Körper schwertust.

Wie mag sich jedoch dein Körper dabei fühlen? Du liebst ihn nicht genug, versorgst ihn manchmal bis häufig schlecht und obendrein fragst du nicht, was er dir mit dem Symptom zeigen will. Du sagst ihm, er soll wieder funktionieren, obwohl er nicht mehr kann. Er dagegen wollte dich schon lange darauf aufmerksam machen, dass du ein wenig vom Weg abgekommen bist. Das hast du vielleicht nicht bemerkt. Daraufhin wurde der Körper deutlicher, denn bisher bist du nicht auf ihn eingegangen. Schließlich blieb ihm nur noch die Krankheit, um dich aufzuwecken.

Ist es zu verantworten, gegen ein solches Wesen zu kämpfen und Krieg zu führen? Wie oft hören wir Sätze wie: „Du musst gegen deine Krankheit kämpfen" oder „Du schaffst das schon, denn du bist ja ein Kämpfer". Das ist ohne Zweifel alles gut gemeint. Ist es auch hilfreich? Hier möchte ich dich einladen, die richtige Antwort für dich zu finden. Bitte spür einmal in deinen Körper hinein oder frag ihn, was er dazu meint. Macht es Sinn, gegen deinen Körper Krieg zu führen? Gegen ein Wesen, das nichts lieber möchte, als dass es dir gut geht? Schließlich kämpfst du gegen deinen Körper, wenn du gegen eine körperliche Krankheit kämpfst.

Was nun, wenn es in unserem Körper wie im Krieg zugeht? Wenn sich Zellen unkontrolliert vermehren und wachsen und alles Lebensnotwendige im Körper verdrängen? Wenn das Immunsystem körpereigene Strukturen angreift und zerstört? Wo Krieg ist, ist Notstand. Das gilt auch für den Körper.

Mittlerweile ahnst du vielleicht, dass ich jetzt eine Frage stelle: Welche von zwei Möglichkeiten eignet sich dazu, mit einer Notstandssituation besser fertig zu werden? Der innere Frieden oder der innere Krieg? Bist du im inneren Krieg, hast du zusätzlich zur Krankheit noch einen weiteren Notstand. Bist du im inneren Frieden, kann dies unter glücklichen Umständen einer der ersten Schritte zur Heilung sein. Fest steht, Krieg nützt nichts. Im Frieden dagegen liegt immer eine Chance.

Was bedeutet Krieg oder Frieden in Bezug auf Krankheit? Viele Menschen leiden Frühjahr für Frühjahr unter einer Pollenallergie. Ich habe großes Mitgefühl mit ihnen. Während dieser wunderschönen Jahreszeit mit dem frischen Grün und den ersten bunten Blüten halten sie sich gezwungenermaßen häufig in geschlossenen Räumen auf. Zu heftig ist die Reaktion auf alles Blühende.

Ich gebe zu, wenn ich ab dem nächsten Frühjahr ebenso allergisch reagieren würde, befände ich mich zunächst sicher auch im inneren Krieg. Ich wäre ärgerlich und traurig, dass ich nicht wie bisher hinausgehen könnte ohne rote Augen, laufende Nase und geschwollene Schleimhäute.

Würde sich dadurch etwas verbessern? Würde sich meine Allergie dadurch wieder verabschieden? Sicher nicht.

Würde sie sich andererseits verabschieden, wenn ich sie anerkennen würde und nicht gedanklich gegen sie kämpfen würde? Leider auch nicht. Doch im letzteren Fall hätte ich wenigstens freien Platz in meinem Kopf, der nicht mit sinnlosem Kämpfen beschäftigt wäre. Ein freier Kopf und klare Gedanken könnten mich auf alle Fälle besser auf die Spur einer guten Therapie führen als einer, der randvoll mit inneren Kämpfen ist. Denken wir doch dabei wieder an die Kopfschmerzen, die beim Rennen gegen die Mauer entstehen, wobei die Mauer selbst keinen Schaden erleidet.

Mit einem klaren Kopf könnte ich meinen Körper fragen, was er mir mit seinem Symptom zeigen möchte. Nicht immer kommt prompt eine Antwort auf eine solche Frage. Sehr häufig liegt sie im Unbekannten. Es lohnt sich jedoch, geduldig zu sein. Die Antworten aus dem Unbekannten gehen – wie wir inzwischen wissen - oft mit einem bestimmten Gefühl einher.

Alles das, was wir bisher erlebt, gedacht, gesagt und getan haben, hat uns dorthin geführt, wo wir jetzt sind. Plagt uns eine Krankheit, hat uns unser bisheriges Leben unter anderem auch zu dieser Krankheit geführt. Nur eine Veränderung in irgendeinem Lebensbereich kann sie wieder zum Verschwinden bringen.

Was möchtest du wirklich verändern? Es müssen nicht immer die großen Dinge im Leben sein. Manchmal sind es Kleinigkeiten wie das Ablegen gewisser Gewohnheiten. Was ist für dich das Richtige? Auch wenn es schwierig ist – niemand außer dir kann dir darauf antworten.

„Probleme kann man niemals mit derselben Denkweise lösen, durch die sie entstanden sind." (Albert Einstein)

➢ Zusammenfassung:
    Wie er auch aussehen mag und was auch immer er uns zeigt: Unser Körper ist stets auf unserer Seite. Mit ihm in Frieden zu leben ist das Mindeste, was er verdient hat.

Mein Weg zu einem friedvolleren Menschen

Niemals hätte ich vor gut 20 Jahren das Ziel gehabt, ein friedvollerer Mensch zu werden. Warum nicht? Nun, ich **war** ein friedvoller Mensch, jedenfalls das, was die Allgemeinheit darunter versteht. Keiner Fliege konnte ich etwas zuleide tun, es sei denn, sie hatte mich geärgert. Ich wünschte keinem Menschen etwas Böses, es sei denn, er war böse zu **mir**. Ich tat keinem Lebewesen etwas Schlimmes an. Die Menschen meiner Umgebung erlebten mich nicht nur als friedvoll, sondern auch jeder Konfrontation möglichst aus dem Wege gehend. Tatsächlich lag mir das friedvolle Miteinander aller Lebewesen schon immer sehr am Herzen. Wieso bin ich ein friedvollerer Mensch geworden? Weil der Schein manchmal trügerisch war. Nach außen wollte ich friedvoll erscheinen, doch es kam vor, dass in mir ein Kampf tobte, der mit Frieden nichts zu tun hatte. Hinter meiner äußeren friedlichen Fassade verbarg sich manchmal mein innerer Krieg, dem ich nur selten erlaubte, sich an der Oberfläche zu zeigen. Die Leute hätten ja denken können, ich sei nicht friedlich (!).

Eine besondere Schwachstelle muss ich wohl als Erbe meiner Eltern mitbekommen haben. Zwar wurde die nicht durch Gene vererbt, sondern durch für gut befundene Lebensweisen, die damals in den fünfziger Jahren und teilweise heute noch weit verbreitet waren und sind: „Was sollen die Leute denken?" Diese Frage war und ist nach wie vor stark verankert in unserem Bewusstsein. Wann immer ich mich durch das Verhalten eines anderen verletzt oder ungerecht behandelt fühlte, belasteten mich diesbezüglich meine Gedanken je nach Vorfall manchmal stundenlang, tagelang oder länger. Doch wie es nach außen schien, war wichtig und wie es drinnen aussah, ging niemanden etwas an.

An eines von vielen, neutral betrachtet, banalen Ereignissen erinnere ich mich heute noch. Dieses sollte jedoch das letzte seiner Art gewesen sein. Wie jeden Morgen fuhr ich auch an jenem Tag mit meinem Fahrrad und meinen zwei lauffreudigen Hunden Richtung Feld und Wald. Beide Hunde wussten genau, dass sie weder auf den Wegen noch auf der Straße ihren morgendlichen Geschäften nachgehen durften. Sie warteten immer bis zum Waldrand und hockten sich dann in Ruhe ins Gebüsch. Dort endlich angekommen, stieg ich vom Rad ab und wartete, bis die Hunde fertig waren. In dem Moment radelte ein Mann laut schimpfend an uns vorbei. Er schrie und drohte mir, weil die Hunde – wörtlich – „immer alle Wege voll kacken". So laut wie er schrie, so schnell fuhr er an uns vorbei, drohte noch nach einigen Metern Entfernung mit erhobenem Arm, aber drehte sich nicht mehr um. Was war denn das? Automatisch wollte ich mich rechtfertigen und ihm erklären, dass ich Hundehaufen auf Gehwegen auch nicht gerade liebte, aber dass meine Hunde ganz bestimmt nicht zu den Verursachern gehörten. Da fiel mir auf, dass der Mann schon gar nicht mehr zu sehen war. Anscheinend suchte er nur ein Ventil, seinem Ärger Luft zu machen. Ich hatte ihn noch nie zuvor gesehen und er ist mir seitdem auch nie wieder begegnet.

Nichts Besonderes, oder? Das wusste ich auch. Es gibt Menschen, die nur kurz schimpfen und dann wieder verschwinden. Die Angelegenheit hätte damit für mich erledigt sein können. Aber was war los mit mir? Obwohl ich wusste, dass es Blödsinn war, hielten mich die Gedanken an diesen Zwischenfall fest. Ich fühlte mich zu Unrecht beschimpft. Da war es wieder, das vermeintliche Unrecht. Was folgte, war eine erstaunliche Geschichte, die wie von selbst sämtliche Bereiche meines Kopfes in Anspruch zu nehmen schien. Es war die Geschichte von dem armen Mädchen bzw. jetzt der armen Frau, die sich stets Mühe gibt, es den anderen recht zu machen. Sie will niemals unangenehm auffallen. So geht sie immer respektvoll mit anderen Menschen um und gibt ihnen keinen Grund zur Klage. Ausgerechnet sie wird nun beschimpft, und zwar für etwas, das andere tun. Sie wird für etwas zur Rechenschaft gezogen, wofür sie nichts kann. Im Gegenteil, sie regt sich selbst über Hundebesitzer auf, die ihre Hunde einfach die Wege verunreinigen lassen, ohne deren Hinterlassenschaften zu entfernen. „Warum ausgerechnet ich?" Die Geschichte spann sich weitere Wege in die Vergangenheit hinein. Wie häufig wurde das arme Mädchen schon so behandelt? Immer wieder wurde es beschuldigt, wofür es keine Schuld trug. Zahlreiche Beispiele von ähnlichen Vorkommnissen folgten. Schließlich produzierte der Regisseur in meinem Kopf aus meist kurzen Ereignissen Filme mit Überlänge wie auch bei dieser Geschichte, wirklich erstaunlich.

Ich beschloss, den Vormittag mit den Hunden dennoch zu genießen und mich später mit der Angelegenheit gedanklich näher auseinander zu setzen. Solche und ähnliche Ereignisse wollten mich lange Zeit nicht loslassen. Ich war nicht länger bereit, das hinzunehmen. Mir war durchaus bewusst, dass jener schimpfende Mann mich nicht persönlich angreifen wollte. Er kannte mich nicht und sah mich noch nicht einmal an. An einem klärenden Gespräch war er offensichtlich auch nicht interessiert. Er hatte mir lediglich sehr laut seine Gedanken mitgeteilt. Das war alles. Dürfen Menschen in einem freien Land etwa nicht ihre Gedanken mitteilen?

Darum ging es nicht. Es ging um mich. Wenn mich als Kind mein großer Bruder geärgert hatte, weinte ich oft. Danach war die Sache schnell vergessen. Nach unseren Geschwisterstreitereien vertrugen wir uns wieder. Doch manchmal fiel mir abends unser Streit wieder ein und ich fing erneut an zu weinen. Immer wieder dachte ich mich in irgendetwas hinein, was längst vergangen war. War es unangenehm, weinte ich. Als Erwachsene ging es mir nicht anders. Ich weinte zwar nicht mehr bei jeder Gelegenheit, aber die unangenehmen Gedanken spielten Krieg in meinem Kopf. Schließlich führte ich sogar Krieg gegen andere. Ich verurteilte meinen Bruder, weil er den Streit angefangen hatte, jedenfalls aus Sicht der kleinen Schwester. Ich verurteilte auch diesen wütenden, vorbei radelnden Mann, weil er aus meiner Sicht kein Recht hatte, mich zu beschimpfen. Ohne Zweifel, das war alles andere als Frieden. Krieg hat ein äußerst einnehmendes Wesen. Wo Krieg herrscht, ist kein Platz für etwas anderes. Es dreht sich alles um ihn. Ich fühlte mich demnach weder stark, noch kreativ nach einer Lösung suchend, noch liebenswert oder leistungsfähig, von Lebensfreude ganz zu schweigen. Ich Arme, zu Unrecht Behandelte! Ich fühlte mich als Opfer und sah die anderen als Täter. Damals hielt ich die Opfer für die Guten und die Täter für die Bösen. So wird es auch heute noch häufig in Filmen und anderen Medien dargestellt. Die Opfer, also die Guten, wollen Frieden. Die Täter, also die Bösen, sind auf Krieg aus. Die große Masse der Menschen wird an dieser Stelle mit dem Kopf nicken und zustimmen.

An diesem Punkt im Leben angelangt, spielte sich ein weiterer Film in mir ab. Es war der Film aus der Sicht der Beobachterin. Diese bemerkte, dass sich die Geschichten wiederholten. Es gab immer verschiedene Anlässe, doch war der Mechanismus stets derselbe. Der Auslöser dauerte kurze Zeit, während sich die Geschichte danach sehr oft zum Film mit Überlänge entwickelte. Darüber hinaus gab es von diesen Filmen ständig Wiederholungen. Wollte ich das? Hier begann ich zu fragen.

Ich fragte mich: Was schmerzt tatsächlich mehr? Der kurze Moment, in dem ein Mensch, manchmal sogar ein völlig unbekannter, mir seine Gedanken mitteilt? Oder der Film mit lebenslangen Wiederholungen? Wieso beurteile ich Menschen, die mir ihre Gedanken mitteilen, als ungerecht oder sogar böse? Ja, es dreht sich natürlich nicht um freundliche, wohlwollende Gedanken, das ist schon klar. Doch sind anschließend meine eigenen Gedanken freundlich und wohlwollend, was diesen anderen Menschen betrifft? Der Unterschied war nur, dass ich meine Gedanken für mich behielt und der andere sie laut äußerte. Der andere hatte angefangen! Genau wie damals mein großer Bruder oder eines der Kinder auf der Straße, mit denen ich spielte. War aus dem kleinen Kind nicht inzwischen eine erwachsene Frau geworden? Anscheinend in diesem Punkt noch nicht. Der Andere hat angefangen, ich bin im Recht! Ich will in Mamas Arme laufen, damit sie mich tröstet. Doch dafür ist Mama nicht mehr zuständig.

Zum Glück fällt dies nicht in den Aufgabenbereich meiner inzwischen verstorbenen Mutter und ebenso wenig in den meines Mannes oder meiner besten Freundin. Ansonsten wäre ich immer noch abhängig von einer anderen Person wie als Kind. Selbstverständlich schätze ich mich glücklich, wenn einer meiner Lieben mich in die Arme nimmt, um mir Trost zu spenden und Mut zuzusprechen. Das ist ein unbezahlbar wertvolles Geschenk. Doch es ist kein Gebrauchsartikel. Ich liebe diese Art von Geschenken, aber lebensnotwendig sind sie nicht. Ich freue mich über sie. Sie bedeuten mir viel Lebensqualität und Lebensfreude sowie glückliche Momente. Es gibt jedoch nur einen einzigen Menschen, der diese ständigen Wiederholungen an überlangen Drama-Filmen langfristig aus dem Programm streichen kann. Dieser Mensch ist niemand anderes als ich selbst. Zum einen ein unbequemer Gedanke, weil ich die Verantwortung übernehmen muss. Zum anderen ein befreiender, da ich aus der Hilflosigkeit, aus der Ohnmacht und Abhängigkeit in meine Tatkraft hineingeführt werde. Ich bin in der Lage, etwas zu verändern und muss nur noch wissen, wie.

Wie gehe ich am besten vor, um mein eigenes Wiederholungsprogramm zu stoppen? Nur mit gutem Willen ist da wenig zu machen. Auch, wenn der Wille immer vorhanden ist, ändert sich allein dadurch leider nichts. Mit Ablenkung oder mit positivem Denken versuchen es viele Menschen. Das konnte bei mir kurzfristig funktionieren, war aber nie nachhaltig.

Ich frage nun das Unbekannte, das Unbewusste in mir. An einem ruhigen Platz in einer ruhigen Minute lasse ich jegliche Gedanken zu, seien sie auch noch so wirr und unrealistisch. Meiner Erfahrung nach lassen sich solche Gedanken nicht einfach abstellen, im Gegenteil. Sie haben die Eigenschaft, immer penetranter zu werden, je weniger ich sie fühlen will. Bin ich einmal zum Fühlen der Gedanken bereit, verlieren sie dagegen nach und nach an Intensität. So wie ein Kind, das sich endlich gesehen fühlt. Dann muss es nicht mehr schreien, um auf sich aufmerksam zu machen.

Nun stelle ich mir die schon bekannte Frage, ob all diese wirren Gedanken etwas in meinem Sinn verändern, also ob sie mir etwas nützen. Da das nicht der Fall ist, frage ich, ob sie jemand anderem nützlich sind. Das kann ich ebenfalls verneinen.

Enorm wichtig und entscheidend ist hier, dass ich die Frage nach dem Nutzen dem Unbekannten stelle und abwarte, mit welchem Gefühl es antwortet. Wenn mein Verstand die Antwort schon auswendig gelernt hat, bringt die ganze Sache nur wenig. Warum? Weil ich mein Unbewusstes umprogrammieren will! Ich will die ständigen Wiederholungen der überlangen, unnützen Filme streichen und ersetzen. Meine neuen Programme dürfen mir ab sofort nützliche Lösungen aufzeigen. Dafür brauche ich Klarheit und Kreativität. Die unnützen Programme sind tief im Unbekannten zu finden und auch nur dort zu entfernen.

Wie merke ich, dass ich das Unbekannte antworten lasse und nicht den Verstand? Kommt die Antwort tief aus dem Unbekannten, so fühle ich mich unmittelbar besser und erleichtert. Wenn der Verstand sich dem Unbekannten daraufhin anschließt, haben wir ihn dort, wo wir ihn haben wollen. In dieser Reihenfolge bringt es den gewünschten Erfolg, erst das Unbekannte, dann der Verstand.

Da sich meine Programme auf meiner Denk- und Gefühls-festplatte über Jahrzehnte gespeichert und eine Art künstli-che Intelligenz in mir aufgebaut haben, lassen sie sich nicht über Nacht umprogrammieren. Keine Sorge, wir werden im-mer wieder äußere Anstöße erleben, die wir dazu nutzen können. Mit der Zeit werden wir sensibler und durchschauen solche Anlässe immer schneller.

- **Ein Impuls kommt von außen wie z. B. der Vorwurf eines Mitmenschen.**
- **Wir sind emotional betroffen.**

An dieser Stelle verzweigt sich der Weg. Eine der bei-den Abzweigungen führt Richtung Krieg. Das wäre der Fall, wenn wir nun gegen das kämpfen würden, was bereits passiert ist, nämlich gegen den Vorwurf eines Mitmenschen.

Die andere Abzweigung führt in den Frieden, zum Beispiel

- **Wir lassen die Betroffenheit zu und erkennen den Mechanismus.**

- **Wir stellen dem Unbekannten Fragen nach dem Nutzen unserer Gedanken.**

- Wir erkennen das zeitliche Verhältnis. Der Anlass dauerte einige Minuten und ist zudem schon vergangen. Unser Film wiederholt sich ständig seit vielen Jahren.

- Erst erkennen, dann verinnerlichen und fühlen, was nützt und was nicht.

WICHTIG ist das Fühlen, denn ohne zu fühlen erreichen wir nur die Spitze des Eisbergs, nicht aber den größten Teil im Wasser. Ersteres bringt kurzzeitige Erleichterung, das Fühlen bewirkt langfristige Veränderung.

Bin ich dir nun noch die Antwort auf die Frage schuldig, wieso ich jetzt ein friedvollerer Mensch bin als damals vor der Zeit des Ereignisses mit den Hunden? Ich denke, du kannst dir diese Frage selbst beantworten. Dennoch will ich dir meine Sicht der Dinge nicht vorenthalten.

Mittlerweile betrachte ich Menschen wie den schimpfenden Radfahrer als Anlass, wieder einmal mit meinem Unbekannten zu kommunizieren. So etwas trifft mich immer noch emotional, aber nur kurze Zeit. Inzwischen werden etliche meiner Drama-Programme nicht mehr ausgestrahlt. Sie sind vom Bildschirm verschwunden. Andere existieren noch. Um denen auf die Schliche zu kommen, brauche ich neue Impulsgeber. Inzwischen rutsche ich also nur kurze Zeit vom inneren Frieden wieder in meinen inneren Kampf. Das bemerke ich schnell und ich nehme mir die Zeit, sofort die Kriegsprogramme in Friedensfilme umzuwandeln mit entsprechenden Fragen an das Unbekannte. Das funktioniert immer besser und schneller.

Folglich gehe ich liebe- und friedvoller mit mir selbst um, denn ich mute mir keine Drama-Programme mehr zu. Immer noch bin ich ab und zu für kurze Zeit im Krieg gegen andere Menschen. Sobald mir dieser Automatismus bewusst wird, lasse ich sie gedanklich in Frieden. Wenn ich meinen Krieg beende, haben andere keine Chance, ihren Krieg mit mir als Gegnerin auszufechten. Noch habe ich allerdings mit mir zu tun, damit ich mir die Freundschaft mit meinem Freund Frieden erhalte. Mit dem Frieden ist es wie mit der Gesundheit: Diese beiden sind nicht alles, aber ohne sie ist alles nichts.

Wenn es dir wie mir geht, genügt dir das bisher Gelesene noch nicht. Du hast zweifellos Recht, denn nur mit Lesen erreichst du nicht alles. Wir bekommen immer wieder Gelegenheiten zum Üben, um vom inneren Krieg in den inneren Frieden zu wechseln. Solange uns Anlässe dazu über den Weg laufen, können sie uns dazu dienen.

Wie bereits im Vorwort erwähnt, gibt es einen unvorstellbaren Reichtum an wirksamen Methoden, die dich unterstützen können. Vielleicht möchtest du mit einigen von ihnen arbeiten. Möglicherweise hast du schon alles gefunden, was dich In lebenslanger Freundschaft mit deinem Frieden leben lässt. Dann möchte ich dir nahelegen und dir Mut machen, regelmäßig zu gebrauchen, was dir bereits zur Verfügung steht. Das bedeutet, vor allem immer dann, wenn dir so ein wunderbarer Mensch über den Weg läuft wie mein schimpfender Radfahrer.

Bevor du mit dem Kopf erneut gegen die Mauer schlägst und Krieg gegen dich sowie gegen ihn führst, fühle deine Gedanken über diesen Menschen.

Nachfolgend erfährst du, welche Methoden mir sehr geholfen haben und helfen, in freundschaftlicher Beziehung mit meinem Frieden zu leben. Das ist besonders in Zeiten wichtig, in denen das Leben uns vor einige Schwierigkeiten stellt, sei es vor einen bösen Nachbarn oder etwas anderes, das uns missfällt.

➤ Zusammenfassung:

Eine friedliche Fassade allein mag anderen Menschen gefallen, tut dir selbst aber nicht gut. Denke daran: Wie innen, so außen. Nur, wenn du innerlich friedvoll bist, bist du wirklich ein friedvoller Mensch

The Work of Byron Katie

Wie dir nicht entgangen sein dürfte, halte ich viel von Fragen. Die richtigen Fragen führen mich meistens zu den Antworten, die ich für meinen inneren Frieden brauche. Im Laufe der Zeit entdeckte ich einige für mich wertvolle Methoden mit Fragen und Antworten. Sie kamen in der für mich optimalen Reihenfolge zu mir.

Etwa zeitgleich mit dem schimpfenden Radler las ich einen Zeitschriftenartikel über The Work of Byron Katie. Auf den ersten Blick wirkte diese Methode wie maßgeschneidert für mich. Mit der Methode The Work lassen sich Gedanken untersuchen und auf Wahrheit überprüfen. Es gibt mindestens 4 Fragen und eine Umkehrung. Diese deutet darauf hin, dass alles, was mich trifft oder was ich verurteile, mit mir selbst zu tun hat. Die Umkehrung verrät auch eine Lösung. Auf den zweiten Blick und noch mehr Blicken war diese Methode weiterhin wie geschaffen für mich. Je mehr und öfter ich mit The Work arbeitete, desto weniger tobten kriegerische Gedanken in mir. Bei mir hat The Work Außerordentliches bewirkt. Durch sie fand ich meinen Frieden, und zwar unabhängig davon, ob das anderen Menschen gefiel oder nicht.

Allerdings bin ich nicht sicher, ob es mir gelungen wäre, The Work ganz allein richtig anzuwenden. Ich glaube nicht. Das Glück bot mir genügend entsprechende Seminare und Übungsabende in meiner Nähe an, die ich gern besuchte. Auch das war kein Durchbruch über

Nacht, sondern der Erfolg stellte sich Schritt für Schritt im Laufe der Zeit ein. Hinweise dazu findest du am Ende des Buches.

Von The Work war ich so angetan, dass ich meine Begeisterung auf alle anderen Menschen übertragen wollte. Viele nahmen dies dankbar an, während einige mit Ablehnung und Widerstand reagierten. Die Erfahrung lehrte mich, dass auch The Work keinen Anspruch darauf hatte, für jeden Menschen zu jeder Zeit das optimale Werkzeug zu sein wie für mich.

In zahlreichen Missverständnissen der Menschen rund um die Methode The Work erkannte ich den Grund für die meisten Widerstände. Davon später mehr.

Es existieren mittlerweile zahlreiche Bücher über The Work (siehe auch die Hinweise am Ende des Buches). Die meisten hat Byron Katie selbst verfasst. Katie ist die Begründerin dieser genialen Methode und lehrt sie weltweit.

Sinn der Work ist es, sie stets anzuwenden, wenn du mit einem anderen Menschen oder einer Situation nicht im Frieden bist, wenn du dich also ärgerlich, traurig, enttäuscht, wütend oder hilflos fühlst. Das sind Gefühle, für die wir gern andere Menschen verantwortlich machen. Wir glauben, wir fühlen uns schlecht, weil die anderen etwas Bestimmtes gesagt oder getan haben. Dumm nur, dass wir die anderen nicht ändern können. Ach nein, ZUM GLÜCK können wir die anderen nicht ändern. Ansonsten müssten wir doch auch befürchten, dass wir selbst von den anderen so geändert würden, wie sie es gerne hätten. Was für eine schreckliche Vorstellung!

„Jeder Krieg gehört aufs Papier", ich erwähnte schon das Zitat von Byron Katie. Sie meint es wörtlich. Es gibt bei The Work Arbeitsblätter mit den Fragen, die du dir im Internet herunterladen kannst. Hinweise hierzu findest du ebenfalls am Schluss des Buches. Die Wirkung einer schriftlichen Work ist anders und geht tiefer, als wenn wir sie nur in Gedanken ausführen.

The Work hilft dir, die Realität anzuerkennen. Du akzeptierst, was sowieso schon geschehen und nicht mehr zu ändern ist. Sich mit der Realität anzulegen, wie Katie es ausdrückt, ist wie in meinem Beispiel mit dem Kopf gegen die Mauer zu schlagen.

Mit The Work kannst du deine Gedanken, Überzeugungen oder Glaubenssätze untersuchen. Dabei nimmst du deinen Verstand mit, denn er ist derjenige, der deinen Glaubenssatz erst einmal benennt. Einige Beispiele für Glaubenssätze: *Er liebt mich nicht. Sie interessiert sich nicht für mich. Er tut mir Unrecht. Sie behandelt mich unfair.* Dein Verstand darf urteilen, was in seiner Vorstellung anders sein sollte, damit es dir gut geht. Hier: *Er sollte mir zeigen, dass er mich liebt. Sie sollte mich öfter anrufen. Er sollte mich gerecht behandeln. Sie sollte fair zu mir sein.*

Hast du deine Überzeugung oder deinen Glaubenssatz formuliert und zu Papier gebracht, kannst du mit The Work beginnen. Es ist hilfreich, wenn du während der Work die Augen schließt, still wirst und erlebst, was in dir auftaucht. The Work stellt dir folgende Fragen:

1) Ist das wahr? (Ja oder nein)

2) Bei ‚ja‘ ist die zweite Frage: Kannst du mit absoluter Sicherheit wissen, dass das wahr ist? (Ja oder nein)
   Bei ‚nein‘, gehe direkt zu Frage drei.

3) Wie reagierst du, wenn du diesen Gedanken glaubst?

   Beobachte, was sich zeigt. Möglich sind Bilder aus der Vergangenheit, körperliche Empfindungen, bestimmte Gefühle u. a. Wie behandelst du dich selbst und wie die Person, um die es geht? Wie behandelst du möglicherweise andere Personen? **Wichtig: Bringt dir dieser Gedanke Frieden?**

4) Wer wärst du ohne den Gedanken? Schließe am besten wieder die Augen und fühle.

Nachdem du diese vier Fragen schriftlich beantwortet hast, ist es nun Zeit für eine Umkehrung. Die Umkehrung deines Glaubenssatzes kann eine wirkliche Umkehr in deinem Denken zur Folge haben.

Folge mir jetzt gerne zu meinem praktischen Beispiel, wie ich damals „geworkt" habe, nachdem mir der schimpfende Radfahrer begegnet war.

The Work: „ Was genau ärgert oder verletzt dich?"

Heidi: „ Der Typ, dieser Radfahrer, hätte mich nicht beschimpfen sollen."

The Work: „ Ist das wahr? Bitte antworte ehrlich mit Ja oder Nein."

Heidi: „Ja."

The Work: „Kannst du mit absoluter Sicherheit wissen, dass das wahr ist? (ja oder nein)

Heidi: „Na ja, mit absoluter Sicherheit kann ich nichts wissen."

The Work: „ Wie reagierst du, was passiert, wenn du diesen Gedanken (oder Glaubenssatz, Überzeugung) glaubst?"

Heidi: „Ich fühle mich dabei sehr schlecht, richtig hilflos, ohnmächtig und sehr verletzt. So etwas kenne ich schon. Es gibt immer wieder Menschen, die mir die Schuld für etwas geben, wofür ich überhaupt nichts kann. Ich würde mich gerne rechtfertigen, aber dazu komme ich nicht. Dann sind diese Menschen nicht mehr ansprechbar. Ich fühle mich wie verbal verprügelt und kann mich nicht wehren."

The Work: „Bringt dieser Gedanke Frieden in dein Leben?"

Heidi: „Überhaupt nicht, ganz im Gegenteil!"

The Work: „Wie behandelst du die Person, wenn du diesen Gedanken glaubst? Wie behandelst du andere Menschen und dich selbst?"

Heidi: „In meinen Gedanken behandle ich diese Person, also den schimpfenden Radfahrer, nicht gut. Innerlich sage ich mir, dass dieser Typ ein frustrierter Blödmann ist, dem es gefällt, andere Menschen ohne Grund zu beschimpfen. Ich lasse kein gutes Haar an ihm. So war es auch mit anderen Menschen, über die ich mich in der Vergangenheit geärgert habe. Mich selbst behandle ich ebenfalls schlecht, wenn ich diesen Gedanken glaube. Ich ärgere mich über mich selbst, dass ich den Typen nicht einfach sein lassen kann, wie er ist. Der Tag hätte so schön sein können, aber ich habe mal wieder aus der Mücke einen Elefanten gemacht. Das ärgert mich am meisten. Ja, ich behandle mich selbst sehr schlecht."

The Work: „Wer wärst du ohne den Gedanken?"

Heidi: „Ohne den Gedanken hätte ich diesen Typen einfach vorbeifahren lassen. Ich hätte nur für einen Moment eine Begegnung gehabt. Das ist alles. Mehr ist nicht passiert. Ohne den Gedanken hätte ich meine Fahrt mit den Hunden froh und munter fortsetzen und den ganzen Tag genießen können. Ich wäre frei von dem Gefühl der Hilflosigkeit, der Verletzung, des Ärgers und der inneren Wut."

The Work:" Kehre nun den Gedanken um."

Heidi:

„Erste Umkehrung: Ich hätte den Typen nicht beschimpfen sollen (auch in Gedanken nicht).

Zweite Umkehrung: Ich hätte andere Menschen nicht beschimpfen sollen (irgendwann ist es schon vorgekommen, dass auch ich Menschen beschimpft habe).

Dritte Umkehrung: Ich hätte mich nicht beschimpfen sollen (Ich ärgere mich über mich selbst am meisten und werfe mir vor, dass ich mich ärgere).

Vierte Umkehrung: Er hat mich beschimpfen sollen (Ohne diesen äußeren Anlass würde ich nicht „worken". Damit habe ich meinen inneren Frieden in dieser Angelegenheit gefunden.)"

Die letzte Umkehrung „Er hat mich beschimpfen sollen" mag zunächst befremdlich klingen. Wenn wir davon ausgehen, dass alles geschehen sollte, was bereits geschehen ist, macht sie jedoch Sinn. In dem Moment, wo es geschieht, sehen wir absolut keinen Sinn darin. Doch es gibt ja noch das Unbekannte! Der Sinn kann dort verborgen sein und zeigt sich in manchen Fällen später. Hier zeigte er sich deutlich, weil ich dadurch wusste, auf welcher Baustelle ich an meinem inneren Frieden arbeiten konnte. Die letzte Umkehrung ist ein Anerkennen der Realität.

Es war so und es sollte so sein.

Sobald wir glauben, es war so und es sollte NICHT so sein, sind wir nicht mehr im Frieden. Wir erkennen dann die Realität nicht an und die ist immer unumstößlich. Wenn es dir leichter fällt, kannst du ergänzen: Es war so und es sollte so sein, aber es muss nicht so bleiben.

Tatsächlich hat mir das Leben als Antwort auf meinen inneren Frieden auch äußeren Frieden geschenkt. Menschen, die mir etwas an den Kopf werfen und dann verschwinden, haben sich mir seitdem nicht mehr gezeigt, während solche Begegnungen vordem bekanntlich ein sich wiederholendes Muster waren.

Ohne den Gedanken hätte ich den Mann, um den es ging, einfach vorbeifahren lassen können. Genau das hatte er getan. Ohne den stressigen Gedanken hätte ich seine Worte nicht auf mich bezogen. Jemand wirft dir einen Ball zu, aber du musst ihn nicht fangen. So verhält es sich auch mit Worten. Du kannst sie hören, aber musst sie dir nicht zu Herzen nehmen. Ohne stressigen Gedanken gelingt es dir. Mit einem stressigen Gedanken trifft es dich mitten ins Mark hinein. Was dich trifft, be-trifft dich auch. Wenn das der Fall ist, kannst du nun den stressigen Gedanken untersuchen, z. B. nach der Methode The Work.

An vielen Orten werden Übungsabende für The Work angeboten. Das empfehle ich auf jeden Fall allen, die sich für diese Methode interessieren. Näheres dazu am Schluss des Buches.

Ho'oponopono

„Ich reinigte den Teil in mir, den ich mit ihnen gemeinsam hatte." (Dr. Ihaleakala Hew Len)

Kurze Zeit nachdem ich The Work für mich entdeckte, widmete ich meine Aufmerksamkeit außerdem einer Methode namens Ho'oponopono. Es bedeutet so viel wie „etwas (wieder) in Ordnung bringen". Ho'oponopono geht auf eine alte hawaiianische Tradition zurück. Seit dem Erfolg des hawaiianischen Psychologen und Therapeuten Dr. Hew Len erfreut sie sich auch bei uns großer Beliebtheit. Dr. Len arbeitete in den 1990er Jahren in einer Einrichtung für geistesgestörte, kriminelle Patienten. Zu Beginn seiner dortigen Tätigkeit hatte er keinen persönlichen Kontakt zu ihnen. Dennoch besserte sich deren Zustand auf erstaunliche Weise. Man kann sich gut vorstellen, dass die meisten dieser kriminell gewordenen, geistesgestörten Patienten weder einen Arzt noch das Pflegepersonal an sich heranlassen wollten mit der traurigen Folge, dass sie meistens an ihren Stühlen festgebunden wurden. Man wusste sich nicht anders zu helfen. In dieser Situation war der Erfolg des Dr. Len besonders spektakulär.

Was hatte Dr. Len anders gemacht als seine Vorgänger? Nun, er erinnerte sich an die alte Tradition des Ho'ponopono und wandte sie auf eine modernisierte Weise für die Zwecke dieser Klinik an. Zuerst soll er ausgiebig alle Unterlagen seiner Patienten studiert haben. Die Berichte darüber, was diese Menschen getan hatten, waren alles andere als leichte Lektüre. Immer wieder geriet Dr. Len dabei an seine emotionalen Grenzen, wie er selbst äußerte. Es müssen erschreckende Berichte darunter gewesen sein, die verständlicherweise besonders starke Emotionen in ihm hervorriefen.

Für mich war es ein Glück, diesen Mann während eines Wochenendes auf einem seiner Seminare zu erleben. Er strahlte in seiner liebevollen Art eine große Bescheidenheit aus, gepaart mit Klugheit und Weisheit. Wiederholt betonte er, dass die Zeit an jener Klinik keine leichte war. Er lehrte dem Klinikpersonal ebenfalls die Anwendung des modernisierten Ho'oponopono. Es gab zahlreiche Konferenzen zwischen Dr. Len und seinem Team.

Was während dieser Zeit mit den Patienten passierte, war ein wirkliches Wunder. Es dauerte nicht lange, bis sich einige Patienten gesprächsbereit zeigten und zum ersten Mal das Personal an sich heranließen, ohne dass dieses gewalttätige Auseinandersetzungen zu befürchten hatte.

Wie wirkt nun dieses Ho'oponopono? Wie hatte Dr. Len so etwas „in Ordnung bringen" können? Ho'oponopono ist auch als Vergebungsritual bekannt.

Mit Vergebung allerdings ist das so eine Sache. Im Gegensatz zu meinem Beispiel aus den vorigen Kapiteln mit dem schimpfenden Radfahrer hatte Dr. Len es mit einer völlig anderen Kategorie von Menschen und deren Taten zu tun. Der eine schimpft und macht sich Luft. Die anderen haben schwerste Gewalttaten verbrochen. Auch wenn sie nachweislich psychisch gestört waren, macht es die Taten für die Betroffenen nicht leichter zu ertragen. Wer wäre in der Lage, ihnen wirklich aus tiefstem Herzen zu vergeben? Vielleicht gelingt es uns bis zu einem gewissen Grad, wenn wir persönlich davon nicht betroffen sind. Was aber, wenn unseren Kindern jemand etwas Schreckliches antun würde? Ehrlich gesagt, mag ich mir so etwas gar nicht vorstellen.

So möchte ich an das Thema Vergebung mit äußerster Achtsamkeit herangehen. Dr. Len war sich bewusst, dass er keine andere Möglichkeit als die Vergebung hatte. „Es war keine leichte Zeit", wir erinnern uns, was er dazu sagte. Dennoch hielt er daran fest und verbrachte Tag für Tag, Stunde für Stunde seiner Arbeitszeit mit Ho'oponopono. Auch Überstunden waren an der Tagesordnung. Hätte er so viel Zeit investiert und sich in die schrecklichsten Berichte vertieft, wenn er den Tätern ihre fürchterlichen Gewalttaten **leicht** hätte vergeben können? Möglicherweise wäre es einfacher gewesen, die mit Medikamenten ruhig gestellten Patienten nach wie vor an ihre Tische und Stühle zu binden. Eine akzeptable Lösung allerdings war das für Dr. Len nicht.

Auch beim Ho'oponopono gehen wir davon aus, dass alles etwas mit uns selbst zu tun hat, was im Außen geschieht. Wir erkennen uns selten zu hundert Prozent in anderen Menschen wieder, doch zu einem gewissen Teil, wenn wir sehr ehrlich sind. *„Ich reinigte den Teil in mir, den ich mit ihnen gemeinsam hatte"*, war das, was Dr. Len dazu äußerte. Wir kommen immer wieder zu der Einsicht, dass wir so gut wie nichts wirklich wissen können. Das Verfahren unterscheidet sich von The Work, doch schließlich verfolgen beide Methoden dasselbe Ziel. Das Ziel ist es, nicht länger zu leiden unter unseren Glaubenssätzen, also darunter, was wir nur glauben und nicht wirklich wissen. Reinigen bedeutet hier, den Teil zu erkennen, den der andere in mir berührt, um diesen Teil **in mir** zu lösen.

Die Wirkungsweise des Ho'oponopono kann in diesem Buch nicht mehr als angerissen werden. Wer neugierig geworden ist, dem empfehle ich das Buch, worauf ich auf den letzten Seiten hinweise.

Ich praktiziere Ho'oponopono mit mir allein, mit einer anderen Person oder besonders gern auch in kleinen Gruppen.

Mit Hilfe von Ho'oponopono können wir deutlich erkennen, wie der innere Frieden mit dem äußeren in Verbindung steht.

Innerwise

Der deutsche Arzt Uwe Albrecht hat das System Innerwise entwickelt. Es verbreitet sich mehr und mehr und zugleich verändert es sich der Zeit und dem Bedarf entsprechend. Mit Innerwise können wir gleichermaßen Körper, Geist und Seele von Menschen, Tieren, Pflanzen, Plätzen, Gebäuden und Firmen behandeln.

Dieses System findet nicht nur als wertvolle Therapie Platz in meiner Praxis, sondern dient mir auch bestens dazu, ständig die Freundschaft mit meinem Frieden zu pflegen.

Auf Seite eins der Innerwise Website lesen wir: *„Innerwise gibt ein Verständnis für die dem Leben zugrundeliegenden energetischen Muster und Felder von Menschen, Tieren und Systemen und zeigt auf, Irritationen in einfachster Art zu erklären.*

Du bist kein Opfer! Du hast dein Leben kreiert und miterschaffen und du bist der einzige Mensch, der die Macht hat, es zu ändern. Innerwise ist intuitive Intelligenz und hilft dir, diese in dir zu entdecken. Nimm dein Leben in deine eigenen Hände mit den Geschenken der intuitiven Intelligenz."

Lange haben wir gelernt, dass die Opfer die Guten und die Täter die Bösen sind, ich erwähnte es bereits. Mit dem Opfer Mitgefühl zu entwickeln, scheint mir durchaus angebracht. Es ist nicht leicht, ein Opfer zu sein. Bei Jugendlichen höre ich manchmal, wie sie sich gegenseitig „anmachen" mit „du Opfer". Ich wünsche mir auch nicht, so betitelt zu werden.

Das Wichtigste aber scheint mir, dass ich als Opfer keine Chance auf Gesundheit, Heilung, Frieden und Liebe habe. Sobald ich wirklich gesund, heil, friedvoll und liebevoll bin, verabschiedet sich die Opferrolle von mir.

Ich verstehe den Hinweis „Du bist kein Opfer" so, dass Innerwise erst dann helfen kann, wenn ich die Opferrolle bewusst verlasse. Weder Opfer noch Täter können im inneren Frieden sein. Als Opfer fühle ich mich ohnmächtig und mache den anderen verantwortlich bzw. erkläre ihn für schuldig. Aus diesem Grund kann mir nichts und niemand wirklich helfen, solange ich in dieser Rolle verharre. Als Täterin verhält es sich anders. In der Täterrolle übe ich für eine gewisse Zeit Macht über jemand anderen aus. Nur, wenn ich andere Menschen klein mache, kann ich groß sein. Manipulation ist hierfür ein anderer Ausdruck. Wie alle manipulierenden Menschen muss ich jedoch ständig befürchten, dass andere dies bemerken, sich ihrer Größe bewusst werden und somit als mein Opfer nicht mehr in Frage kommen. Als Täterin bin ich demnach ständig in der Furcht davor, dass dies geschehen könnte. Ich darf die Kontrolle darüber nicht verlieren, damit die anderen sich mir weiterhin als Opfer zur Verfügung stellen. Angst und Kontrolle haben ebenfalls nichts mit innerem Frieden gemeinsam. Beide haben Furcht, sowohl Opfer als auch Täter.

Besonders spannend wird der Rollentausch. Das Opfer bemerkt das Mitleid seiner Mitmenschen, was Aufmerksamkeit und Zuwendung zur Folge haben kann. Danach sind wir fast alle süchtig. Wir haben Sehnsucht nach Aufmerksamkeit und Zuwendung. Gefällt mir die Opferrolle, bin ich nicht so schnell bereit, sie zu verlassen. Ich nutze die Fürsorge meiner Mitmenschen aus und manipuliere sie dadurch mit Äußerungen wie: „Wenn du jetzt gehst, kann ich nie mehr glücklich sein." Das ist Manipulation in ihrer reinsten Form. Ich bin vom Opfer zur Täterin geworden. Selbstverständlich brauche ich für einen solchen Rollenwechsel einen Mitspieler, den ich manipulieren und kontrollieren kann.

Wie häufig wechseln wir die Rollen zwischen Opfer und Täter? Als Kind habe ich mich in der Opferrolle öfter sehr wohl gefühlt. Der große, freche Junge von nebenan trat mir gegen das Schienbein, so dass ich humpelnd und weinend nach Hause lief. Dort erwartete mich eine Mutter, die mich liebevoll umsorgte und tröstete, sowie ein Vater, der mir obendrein eine Geschichte von Pippi Langstrumpf vorlas. Opfer zu sein hat Vorteile, aber natürlich auch Nachteile. Meine Eltern waren klug genug, dies zu wissen und mir schon recht früh die Verantwortung für mein Handeln zu übertragen. Solange meine Wunde schmerzte, erhielt ich Trost und Zuwendung. Am nächsten Tag war häufig alles wieder in Ordnung. Da mir die Opferrolle vom Vortag aber ausgezeichnet gefallen hatte, beschloss ich, noch etwas länger Opfer zu spielen. Ich humpelte weiter und jammerte. Meine Mutter wusste, was ich spielte. Sie schickte mich sofort wieder ins Bett und verbot mir aufzustehen, da ich ja eine ach so schlimme Wunde hätte. Doch es gab keinen weiteren Trost und erst recht keine weitere Pippi-Geschichte. Spätestens nachmittags erkannte ich, dass Opfer sein nun langweilig geworden war, weil sich niemand zum Mitspielen fand.

So wechseln wir schon in frühen Jahren zwischen Opfer- und Täterrolle hin und her und behalten es ein Leben lang bei, in der Regel unbewusst. Als Opfer haben wir zugelassen, manipuliert zu werden. Das bedeutet nichts anderes, als dass wir dieses Spiel erlaubt haben. Der Wunsch sowie die Sehnsucht nach Anerkennung und Zuwendung können Grund dafür gewesen sein. Andererseits haben wir als Täter selbst manipuliert, häufig ebenfalls unbewusst und aus Mangel an Selbstwertgefühl. Kein Mensch, der sich seiner selbst und seiner (inneren) Größe bewusst ist, hat den Wunsch, andere neben sich klein zu halten. Er liebt vielmehr andere Größen neben sich, was er als bereichernd und anregend empfindet.

Wie würde sich unser Leben gestalten, wenn wir ab sofort mit diesen Spielen aufhören? Keine Sorge, wir müssen nicht erkennen, wann und wie häufig wir in der Vergangenheit zwischen Opfer- und Täterrolle hin und her gehüpft sind. Es ist auch ganz und gar unnötig zu wissen, wie wir uns als Opfer damals gefühlt haben und warum wir selbst zum Täter geworden sind. Es ist ganz erstaunlich einfach, mit diesen Spielchen aufzuhören.

Innerwise stellt nun eine Neuheit vor, womit wir die Opfer- und Täterrollen beenden können. Es lässt sich unabhängig vom übrigen System Innerwise anwenden und erfahren. Sind das gute Aussichten? Es darf leicht sein. So lautet die erfreuliche Botschaft. Erste Voraussetzung: anerkennen, dass wir Opfer- und Täterrollen gespielt haben und manchmal noch spielen. Zweite Voraussetzung: die Bereitschaft, beide Rollen für immer zu beenden.

Dann kann es losgehen mit dem Innerwise-Spiel „DARE T'BE RICHED, coming home". Dare hat eine ähnliche Bedeutung wie Herausforderung, Mutprobe. In der Tat kann es unseren ganzen Mut erfordern, wenn wir uns darauf einlassen. Es besteht dann nämlich die Wahrscheinlichkeit, dass sich unser Leben bereichernd verändert und wir uns wieder in uns zu Hause fühlen.

In diesem Spiel widmen wir uns ausschließlich dem Unbekannten. Die Spitze des Eisbergs wird völlig außer Acht gelassen. Das Unbekannte kennt im Gegensatz zu unserem Verstand alle Stellen, wo und wann Manipulation stattgefunden hat, egal, ob als Opfer oder Täter. Dort können wir sie alle ganz spielerisch auflösen. Wir bereiten dadurch das Leben für eine großartige Neugestaltung vor, die frei von Manipulation sein kann. Damit ist eine weitere Voraussetzung für unseren inneren Frieden gegeben.

Hilfreiche Hinweise zu mehr Information für Innerwise und DARE T'BE RICHED findest du am Ende des Buches.

Missverständnisse

Im Laufe der Zeit haben mir viele Menschen dankbar mitgeteilt, wie wertvoll für sie die hier vorgestellten Fragen, Antworten und Methoden sind. Bei anderen spüre ich einige Widerstände bis hin zu völliger Ablehnung. Dieses Buch enthält zahlreiche Vorschläge und Angebote, die man annehmen kann oder nicht. Es gibt nichts, was für jeden Menschen gleichermaßen geeignet ist. Auch ist die Zeit manchmal noch nicht reif dafür. Doch meistens stelle ich fest, dass Widerstände und Ablehnung als Folge von Missverständnissen hervorgerufen werden. Missverständnis bedeutet den Empfang einer Mitteilung oder einer Botschaft, jedoch anders, als sie gemeint ist.

Hier einige Fragen, die mir häufig aufgrund von Missverständnissen gestellt werden:

„Wenn ich die Frage nach dem Nutzen eines belastenden Gedanken stelle, was passiert dann? Es ändert doch nichts an der Situation."

Zunächst einmal nicht. Doch die Erkenntnis, dass dein belastender Gedanke nichts nützt, ist eine Information an dein Unbewusstes. Je öfter du die Wahrheit dieser Erkenntnis fühlen kannst, desto intensiver informierst du dein Unbewusstes darüber. Nach und nach weiß es, dass solche belastenden Gedanken keinen Nutzen bringen. So kann es sein, dass solche Gedanken dich von selbst loslassen. Ändert sich dein Denken, so ändert sich gleichzeitig deine Ausstrahlung. Irgendwann tritt auch in deinem Leben eine Veränderung ein. **Wichtig ist, dass du dabeibleibst, wann immer du Belastendes denkst. Nicht aufhören, sonst ist der Erfolg nur von kurzer Dauer.**

„Sind meine belastenden Gedanken nicht doch dafür nützlich, damit ich etwas verändern kann?"

Ein Impuls kommt von außen, dem ein Gedanke folgt. Fühlt er sich belastend an und kämpfst du dagegen, bist du im inneren Krieg. (Der belastende Gedanke allein ist noch kein Krieg, jedoch der Kampf gegen ihn.) Du hast den Impuls gebraucht, damit du etwas veränderst. Wenn dein belastender Gedanke weiterhin Krieg in deinem Kopf führt, kannst du nicht klar denken, um die nötige Veränderung in die Tat umzusetzen. Du erkennst in dem Fall meist nicht einmal, DASS du etwas neu gestalten möchtest. Den entscheidenden Impuls brauchst du, aber dann die Klarheit, um etwas zu deinem Wohl tatkräftig anzugehen. Den stressigen Gedanken brauchst du dafür also nicht.

„Es wird gesagt, dass ich nur glücklich sein kann, wenn ich das liebe, was ich habe und was gerade passiert. Wie aber kann ich lieben, wenn mein Chef mich feuert, mein Mann mich verlässt und meine Freundin nicht mehr mit mir spricht?"

Nein, das wäre wirklich zu viel verlangt! Hier liegt das Missverständnis in dem Wort „lieben", denke ich. „Lieben" verbinden wir gerne mit „lieb haben" und „gern haben". Ist das damit gemeint, könnte ich es auch nicht lieben. Wenn eine Situation ist, wie sie ist, und ich daran nichts ändern kann, will ich sie als gegeben hinnehmen und nicht verurteilen. Ich weiß nicht wirklich, wofür sie gut ist. Das klingt in meinen Ohren schon anders. Damit kann ich mich anfreunden. Ich habe immer gerne einen klaren Kopf, gerade in so einer misslichen Situation. Belastende Gedanken helfen mir dabei überhaupt nicht. Ich würde so lange an meinem Frieden „arbeiten", bis mein Kopf klar wird ohne tobende Kriegswaffen. Das wäre für mich ein Akt der Selbstliebe. So, wie innerer Frieden die Voraussetzung für den äußeren ist, ist die Selbstliebe Voraussetzung für die Liebe im Außen. Damit bin ich wieder beim Begriff „Liebe" angekommen, der nun hoffentlich nicht mehr auf Ablehnung stößt.

„Warum sollte ich für meinen inneren Frieden etwas akzeptieren, was ich ganz und gar nicht in Ordnung finde?"

Es gibt einen Unterschied zwischen akzeptieren und in Ordnung finden. Indem du etwas in Ordnung findest, bewertest du es für dich. Akzeptierst du etwas, erkennst du an, dass es vorhanden ist, ohne es für dich zu bewerten. Du kannst also etwas akzeptieren, was nicht heißen muss, dass du es in Ordnung findest. Anders herum: Wenn du etwas ohnehin Vorhandenes NICHT akzeptierst und innerlich Krieg dagegen führst, läufst du mit dem Kopf gegen die mehrfach erwähnte Mauer.

Es tut dir weh, stört die Mauer jedoch nicht. Mit einem schmerzenden Kopf kannst du weniger in deinem Sinn verändern als mit einem freien. Das bezieht sich auch wieder auf den vorigen Absatz.

„Bis auf die Geschichte von Dr. Len ist in diesem Buch nur von alltäglichen, eher banalen Situationen die Rede. Wirklich schlimme, mit schwerem Leid verbundene Ereignisse lassen sich doch mit den hier beschriebenen Strategien sicherlich nicht verbessern. Was ist z. B. mit wirklich schweren Krankheiten oder dem Verlust eines geliebten Menschen?“

Bei schlimmen Erkrankungen oder anderem schweren Leid empfehle ich immer, sich von Fachleuten helfen zu lassen. Alle hier genannten Strategien können selbst in harten Fällen positiv wirken, doch erinnern wir uns daran, was Dr. Len wiederholt äußerte: *„Es war nicht leicht.“* Er ist ein erfahrener Therapeut und war wahrscheinlich selbst gesund, als die Heilungen seiner Patienten passierten. Wir dagegen sind während einer Krankheit oder eines schlimmen Ereignisses in einer Ausnahmesituation und meist im Vergleich mit Dr. Len nicht sehr erfahren. Tun wir, was möglich ist und lassen uns helfen, wo es nötig ist.

Ich habe ganz bewusst Geschichten aus dem täglichen Leben gewählt. Es sind oft die ganz banalen Dinge, die es uns Tag für Tag schwer machen. Die Summe derer kann bewirken, dass wir unser Leben nicht friedlich genießen können. Banale Dinge nehmen wir kaum ernst. Doch dauernder Krieg im Kopf aufgrund scheinbar belangloser Ereignisse kann durchaus ein Leben voller Leid bedeuten. Darüber hinaus kann dies zu chronischen Krankheiten führen. Das geschieht nicht von heute auf morgen, vielmehr im Laufe einer größeren Zeitspanne.

Gerade die Mehrheit der hierzulande lebenden Menschen ist mit sich selbst und anderen häufig oder sogar meistens unzufrieden. An diese Menschen wende ich mich hauptsächlich.

„Es kann doch nicht alles etwas mit mir zu tun haben, was sich im Außen zeigt. Ich bin doch nicht so wie diejenigen, die sich z. B. aggressiv verhalten."

Das behauptet auch keiner. Niemand ist genauso wie jemand anderes. Ich bin schon an früherer Stelle darauf eingegangen: Du bist nicht für andere verantwortlich oder gar schuldig an deren Verhalten. Dennoch hat alles etwas mit dir zu tun. Umgedreht ist es nicht anders. Andere sind nicht verantwortlich oder gar schuldig für dein Verhalten. Dr. Len hat es so ausgedrückt, dass er den Teil in sich reinigt, der etwas mit ihm zu tun hat. Herauszufinden, was genau mit dir zu tun hat, kann sehr spannend sein. Manchmal erfordert es allerdings auch Mut.

Solltest du beim Lesen bisher auf Widerstand gestoßen sein, so ist das ganz natürlich. Für deinen Verstand und dein Ego ist möglicherweise vieles neu und unbekannt. Diese beiden wollen nicht überall hinsehen, da als Konsequenz eine Veränderung anstehen könnte. Es ist nicht das, was sie lieben. Verstand und Ego stellen die Spitze des Eisbergs dar und sind demnach kleiner als der große, unsichtbare Teil, doch wichtig sind sie dennoch.

➢ Zusammenfassung:

Missverständnisse können dich eine Nachricht in anderer Art empfangen lassen, als sie ausgesendet wurde. Was gemeint war, ist etwas anderes als das, was bei dir angekommen ist. Ab und zu kann sicher ein Missverständnis an deinem Unfrieden beteiligt sein. Frage dich am besten selbst, ob das in einer bestimmten Situation der Fall sein könnte.

Der Eisberg als Ganzes

Kleine, sichtbare Spitze und riesiger, unsichtbarer Berg... Um einem weiteren Missverständnis vorzubeugen: Wir brauchen **alles** vom Eisberg, sowohl die Spitze als auch das Übrige. Unser Ego ist der Teil in uns, der uns überleben lässt. Unser Verstand sorgt dafür, dass wir unsere Rechnungen bezahlen, dass wir zu einer bestimmten Zeit Termine vereinbaren können und dass wir unser gesamtes Leben hier auf dieser wunderschönen Erde mit den uns geschenkten fünf Sinnen erfahren dürfen. In unserer zivilisierten Welt hat sich das Größenverhältnis beider Teile jedoch scheinbar umgekehrt. Die meisten Menschen schenken lediglich der Spitze Beachtung. Selbstverständlich lässt sich der gesamte Berg davon nicht beirren. Er existiert unabhängig davon, welchem Teil wir Beachtung schenken. So richtig aus dem Vollen schöpfen können wir im wahrsten Sinne des Wortes nur, indem wir beide uns zur Verfügung stehenden Teile nutzen und keinen der beiden wichtiger nehmen als den anderen. Hier auf der Erde gibt es gewisse Gesetzmäßigkeiten. Um sich an diese zu halten, leistet die kleine Eisbergspitze unverzichtbare Dienste. Hier ist es nicht nur von Vorteil, sondern besonders wichtig, mit unserem Verstand zusammenzuarbeiten. Andererseits meint der Verstand meistens, er müsste **alles** für uns entscheiden und regeln. Nach und nach konnte ich meinen Verstand davon überzeugen, dass es Dinge gibt, von denen er nichts versteht und andere, für die er nicht zu ersetzen ist. Mit dieser Erkenntnis kann er gut leben (und ich auch).

Irgendwann am Ende jeder großen Wissenschaft stoßen wir Menschen an unsere Grenzen. Wir wissen, es geht dahinter viel, viel weiter, jedoch nicht, wohin und wie weit. Ebenso wenig wissen wir, wie es dahinter aussieht. Kurz – dort ist das Unbekannte. Obwohl wir das Unbekannte nicht mit dem Verstand erfassen können, ist es uns möglich, Informationen daraus abzurufen. Das irritiert den Verstand und wer wollte es ihm verübeln? Er muss zulassen, dass wir aus dem Unbekannten Antworten auf unsere Fragen bekommen, während er nichts davon sehen, hören, riechen, fühlen oder schmecken kann. Das ist hart für ihn. Die Antworten aus dem Unbekannten kann ich nur intuitiv spüren oder fühlen.

Sollte jemand meinen, niemals das Unbekannte spüren zu können, so streite ich das entschieden ab. Wenn du auch so denkst, überlege bitte einmal, bei welchen Gelegenheiten oder mit welchen Gedanken du dich gut fühlst, was sich neutral anfühlt oder sogar schlecht. Wer gibt dir diese Gefühle? Woher kommen sie? Die Antwort ist: Wir wissen es nicht. Wir haben alle möglichen Erklärungen, aber keine Gewissheit, woher unsere Gefühle stammen. Alles, was wir nicht wissen, ist für uns unbekannt. Demnach spürst auch du das Unbekannte.

Seinem Gespür zu **vertrauen**, ist eine ganz andere Sache. Dieses Vertrauen entsteht selten über Nacht. Der Verstand ist nicht daran gewöhnt und tut sich damit schwer.

Was will unser Verstand? Er will in unserem Interesse alles von vorn bis hinten überblicken. Hat etwas begonnen, will er wissen, wie es weitergeht und wie es endet. Kann er das nicht, meldet er seine Zweifel und Bedenken an. Wir bekommen Angst und lassen besser alles so, wie es ist.

Die Frage ist erlaubt, ob mein Verstand wirklich immer den Überblick hat. Er hat aus Erfahrung gelernt. Hat in der Vergangenheit mehrfach etwas funktioniert, können wir mit seinem Einverständnis rechnen. Wenn nicht, wird er uns warnen.

Allerdings ist auch er lernfähig. Je öfter ich meiner Intuition vertraue und diese mir offensichtlich einen guten Weg zeigt, desto mehr ist mein Verstand zum Umlernen bereit. Mit der Zeit sind er und meine Intuition ein richtig gutes Team geworden. Meine Intuition gibt die Richtung vor, während mein Verstand analysiert. Er kann abwägen, ob das Vorhaben meiner Intuition praktisch umsetzbar ist.

Ein gutes Team arbeitet im Laufe der Zeit immer besser zusammen. Wenn jeder seine Aufgaben kennt, klappt es. Entsprechen darüber hinaus die Aufgaben voll und ganz den Talenten der einzelnen Mitarbeiter, steht einer erfolgreichen Zusammenarbeit nichts im Weg.

Um den kompletten Eisberg in seiner Ganzheit zu nutzen, dürfen wir also auch die Spitze nicht vernachlässigen. Unser Verstand und unsere fünf Sinne sind für unser irdisches Leben unverzichtbar. Klug ist es jedoch, das um ein Vielfaches größere Unbekannte die Hauptrolle in unserem Leben übernehmen zu lassen. Das Unbekannte kann unseren Verstand wunderbar führen. Sein Talent besteht darin, in die Tat umzusetzen, was das Unbekannte ihm zuflüstert. Sobald er sich daran gewöhnt hat, dass jemand anderes Chef ist, fühlt er sich sogar äußerst wohl mit seinen Aufgaben. Wer gebraucht

wird, schläft nicht ein. Gebrauchen wir doch einfach ALLE TEILE, die uns ausmachen!

Wirklicher innerer Frieden braucht alle Teile von uns. Unser Verstand kennt Recht und Unrecht. Wenn wir unser Recht nicht bekommen, sind wir im Unfrieden. Sobald wir Recht und Unrecht aber hinterfragen, können wir innehalten. Wir wechseln z. B. die Perspektive, klären ein Missverständnis auf oder fragen das Unbekannte, das uns durch ein Gefühl antworten kann.

Wir können in Frieden leben. Davon bin ich überzeugt. Jeder von uns kann eine Freundschaftsbeziehung mit dem Frieden eingehen und sie pflegen. Ich bin gerne die Freundin meines Friedens. Um eine gute Beziehung habe ich mich ein Leben lang zu kümmern, wenn ich weiterhin an ihr interessiert bin. Dafür bekomme ich einen wahren Schatz zurück, der nicht mit Geld zu bezahlen ist.

Wenn alle Menschen den Frieden bei sich selbst suchen, werden sie ihn dort auch finden. Im Zusammenleben lauter friedlicher Menschen finden die völlig unnützen Kriege nicht statt. Ein in sich friedlicher Mensch wirkt ansteckend auf andere.

In diesem Sinn wünsche ich allen Lebewesen gelebten Frieden, der von Tag zu Tag stärker werde und sich um den ganzen Erdball verteilen möge!

Ein Wort zum Schluss

Zusammen sind wir nun hoffentlich dem Frieden ein Stück näher gekommen. Meine hier beschriebenen Erlebnisse sind ohne Zweifel nicht dieselben wie deine. Die Gefühle, die sie in mir auslösten, kennst du möglicherweise aufgrund deiner eigenen Erlebnisse.

Gönnen wir dem Frieden alles außer Pausen, denn wir brauchen ihn in jedem Moment. Tatsächlich hat er auch keine nötig. Solange wir unseren Teil dazu beitragen, bleibt er anwesend.

Ich wünsche dir eine lebenslange Freundschaftsbeziehung mit deinem Freund Frieden.

Frieden macht zu-frieden!

Danksagung

Allen voran danke ich meiner Familie für die friedliche Geborgenheit in ihrer Mitte. Ich bin sehr dankbar, in einem Land zu leben, in dem ich mir Gedanken um unseren inneren Frieden machen kann und nicht um das tägliche Überleben kämpfen muss.

Danke auch allen, die mir vor der Veröffentlichung dieses Buches durch ihr Feedback wichtige Hinweise gegeben haben.

Uwe Albrecht danke ich dafür, dass er Innerwise entwickelt und mir die Genehmigung erteilt hat, einige Seiten darüber zu schreiben.

Dem Verband von The Work of Byron Katie sage ich Danke, dass ich die Arbeitsweise von The Work beschreiben und auf diese Weise veröffentlichen darf.

Schließlich erinnere ich mich mit Dankbarkeit an Ihaleakala Hew Len, der mir die Möglichkeit gab, tiefer in Ho'oponopono einzutauchen.

Hilfreiche Hinweise

The Work of Byron Katie

www.thework.com

Verband für The Work of Byron Katie

www.vtw-the-work.org

Der Verein bietet den an The Work Interessierten ein Forum und Vernetzung. Dort sind auch Adressen zu finden, wo Übungsabende stattfinden.

Bücher :

- Lieben was ist: Wie vier Fragen Ihr Leben verändern können – Verlag Arkana
- Wer wäre ich ohne mein Drama? Konfliktlösungen mit The Work - Verlag Goldmann
- Jeder Krieg gehört aufs Papier – ISBN 9781890246112

Ho'oponopono

Buch:

Zero Limits – Mit der hawaiianischen Ho'oponopono-Methode zu Gesundheit, Wohlstand, Frieden und mehr - von Joe Vitale und Ihaleakala Hew Len - Thalia

Innerwise

www.innerwise.com

Die Website enthält viele Informationen und zahlreiche Videos. Das Innerwise Spiel „DARE T'BE RICHED" wird ab Herbst 2018 erhältlich sein und darf von speziell dafür zertifizierten Guides unterrichtet werden (u. a. von der Autorin).

WWW.B-RICHED.COM (Extra-Website für das Spiel DARE T'BE RICHED ab Herbst 2018)

Ein komplettes Verzeichnis der Innerwise Coaches, Mentoren (diejenigen, die das System unterrichten dürfen) und DARE Guides (diejenigen, die dieses Spiel unterrichten dürfen) befindet sich ebenfalls auf der Website.

Wer mit dem Gedanken spielt, selbst ein Buch zu schreiben, dem kann ich den Online-Kurs **„Schreibglück – von der Vision zur erfolgreichen Buchveröffentlichung"** *von und mit* **Veit Lindau** *sehr ans Herz legen.*

FSC
www.fsc.org

MIX

Papier | Fördert
gute Waldnutzung

FSC® C083411

Zeitfracht Medien GmbH
Ferdinand-Jühlke-Straße 7
99095 Erfurt, Deutschland
produktsicherheit@kolibri360.de